# 동양북스 외국어
# 베스트 도서
## 700만 독자의 선택!

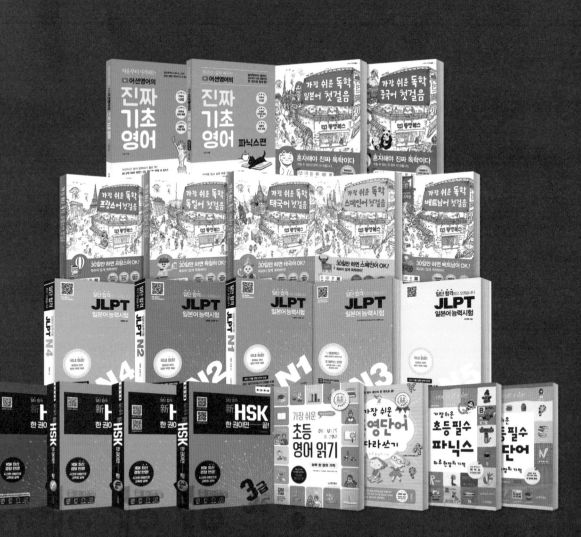

# 새로운 도서,
# 다양한 자료
# 동양북스
# 홈페이지에서
# 만나보세요!

www.dongyangbooks.com
m.dongyangbooks.com

※ 학습자료 및 MP3 제공 여부는 도서마다 상이하므로 확인 후 이용 바랍니다.

## 홈페이지 도서 자료실에서 학습자료 및 MP3 무료 다운로드

### PC

❶ 홈페이지 접속 후 도서 자료실 클릭
❷ 하단 검색 창에 검색어 입력
❸ MP3, 정답과 해설, 부가자료 등 첨부파일 다운로드
   * 원하는 자료가 없는 경우 '요청하기' 클릭!

### MOBILE

* 반드시 '인터넷, Safari, Chrome' App을 이용하여 홈페이지에 접속해주세요. (네이버,
  다음 App 이용 시 첨부파일의 확장자명이 변경되어 저장되는 오류가 발생할 수 있습니다.)

❶ 홈페이지 접속 후 ☰ 터치

❷ 도서 자료실 터치

❸ 하단 검색창에 검색어 입력
❹ MP3, 정답과 해설, 부가자료 등 첨부파일 다운로드
   * 압축 해제 방법은 '다운로드 Tip' 참고

가장
쉬운
독학

# 일본어
# 첫걸음

지은이 **김연수**

동양북스

지은이 **김연수**

일본 류코쿠(龍谷) 대학 졸업
전 KBS 번역 프리랜서
MBC 일본어 매거진 생활회화 집필 및 녹음 강의
일어바다 생활회화 녹음 강의
경찰종합학교, 린나이코리아 외 다수 출강

〈주요저서〉
일본어 주니어 붐붐
버전업! 35일 완성 일본어 문법
알짜 일본어 문법 기초 완성
생 SHOW 리얼 TALK 일본어 현지 회화
가장 쉬운 독학 일본어 첫걸음
가장 쉬운 독학 일본어 단어장


감수 **박정소**

이화여자대학교 통역번역대학원 한일통역학과 석사 졸업
KBS 국제방송국 일본어 방송 리포터
현 한일 국제회의 통역사
현 이화여자대학교 통역번역대학원 강사

가장 일본어
쉬운
독학 첫걸음

**초판 1쇄** 2016년 5월 30일 | **초판 35쇄** 2024년 7월 20일

**지은이** 김연수 | **감수** 박정소 | **발행인** 김태웅 | **책임 편집** 길혜진, 이서인 | **디자인** 남은혜, 김지혜

**표지 일러스트** 김동호 | **일러스트** 나일영, 조영남 | **마케팅 총괄** 김철영 | **온라인 마케팅** 김은진 | **제작** 현대순

**발행처** ㈜동양북스 | **등록** 제 2014-000055호 | **주소** 서울특별시 마포구 동교로22길 14 (04030)

**구입 문의** 전화 (02)337-1737　팩스 (02)334-6624 | **내용 문의** 전화 (02)337-1762　dybooks2@gmail.com

ISBN 979-11-5703-182-5　03730

# 머리말

　일본어 공부를 시작하려는 이유는 다르겠지만, 무슨 일이든지 시작한다는 것은 멋지고 아름다운 일입니다. 여러분의 도전에 격려의 박수를 보냅니다.

　일본어는 다른 언어에 비해 한국인이 배우기 쉽기 때문에 많은 사람들이 쉽게 시작합니다. 하지만 학습하다 보면 생각보다 어렵기 때문에 중도에 포기하는 학습자도 많습니다. 일본어를 공부할 생각으로 이 책을 선택하여 지금 이 글을 보고 있는 여러분 중에도 가까운 미래에 일본어를 포기할 사람이 있을지도 모르겠습니다. 하지만 여러분. 일본어가 아무리 쉽다 하더라도 일본어는 분명 외국어입니다. 외국어는 하루아침에 되는 것이 아니라 매일매일의 학습량이 쌓이고 쌓여 능숙해지는 것입니다. 그러니 이왕 일본어를 공부하기로 마음먹었다면 꾸준히 노력하시기 바랍니다.

　**가장 쉬운 독학 일본어 첫걸음**은 '학습자가 꾸준히 일본어를 공부하려면 어떻게 해야 할까'라는 고민 끝에 만들어진 책입니다. 어떻게 해야 일본어를 꾸준히 공부할 수 있을까요? 결론은 '책이 쉬워야 한다'였습니다. 그에 따라, 학습자가 지치지 않고 공부할 수 있을 정도의 분량으로 책 전체 분량을 맞추었고, 문법을 따라가기도 버거운 학습 초반에 너무 많은 단어를 제시하여 학습 부담을 가중하지 않으려 노력하였습니다. 중간중간 복습 페이지를 넣어 지금까지 학습한 내용을 확실히 익히고 다음으로 넘어갈 수 있도록 하였습니다. 적당한 분량을 꼼꼼히 확인하고 다음으로 넘어가는 것. 이것이 쉽게 공부하는 비결 아닐까요?

　일본어의 길로 들어선 여러분! 어려운 고비가 몇 번 있겠지만, 지겨워도 꾸준히, 어려워도 꾸준히 가세요. 꾸준히 가면, 그 길 끝에서 일본어를 능숙하게 구사하고 있는 자신과 만나게 될 겁니다. 모쪼록 이 책이 일본어의 길로 들어선 여러분의 좋은 길동무가 되었으면 좋겠습니다.

저자 김연수

# 차 례

# 학습 플랜

| **Day 1** 월 일 | **Day 2** 월 일 | **Day 3** 월 일 |
|---|---|---|
| ☐ 본책 17p~31p 문자와 발음 <br> 청음(あ행, か행, さ행, た행, な행) | ☐ 본책 32p~41p 문자와 발음 <br> 청음(は행, ま행, や행, ら행, わ행, ん) | ☐ 본책 42p~50p 문자와 발음 <br> 탁음, 반탁음, 요음, 촉음, 장음, 발음 |
| ☐ 펜맨십 2p~11p | ☐ 펜맨십 12p~21p | ☐ 펜맨십 22p~39p |

| **Day 7** 월 일 | **Day 8** 월 일 | **Day 9** 월 일 |
|---|---|---|
| ☐ 본책 64p~75p CHAPTER 2 <br> これは　なんですか。 | ☐ 본책 76p~87p CHAPTER 3 <br> あそこは　どこですか。 | ☐ 본책 88p~91p REVIEW TEST <br> CHAPTER 1~3 복습 |
| ☐ 워크북 6p~9p | ☐ 워크북 10p~13p | |

| **Day 13** 월 일 | **Day 14** 월 일 | **Day 15** 월 일 |
|---|---|---|
| ☐ 본책 116p~127p CHAPTER 6 <br> きれいな　スカートですね。 | ☐ 본책 128p~139p CHAPTER 7 <br> かんたんじゃ　ありませんでした。 | ☐ 본책 140p~143p REVIEW TEST <br> CHAPTER 4~7 복습 |
| ☐ 워크북 22p~25p | ☐ 워크북 26p~29p | |

| **Day 19** 월 일 | **Day 20** 월 일 | **Day 21** 월 일 |
|---|---|---|
| ☐ 본책 168p~171p REVIEW TEST <br> CHAPTER 8~9 복습 | 밀린 진도 따라잡기 / 휴일 | ☐ 본책 172p~183p CHAPTER 10 <br> 何時に　起きますか。 |
| | | ☐ 워크북 38p~41p |

| **Day 25** 월 일 | **Day 26** 월 일 | **Day 27** 월 일 |
|---|---|---|
| 밀린 진도 따라잡기 | ☐ 본책 212p~223p CHAPTER 13 <br> ゆっくり　休んで　ください。 | ☐ 본책 224p~235p CHAPTER 14 <br> 何を　して　いますか。 |
| | ☐ 워크북 50p~53p | ☐ 워크북 54p~57p |

| **Day 4** 월 일 | **Day 5** 월 일 | **Day 6** 월 일 |
|---|---|---|
| □ 펜맨십 40p~53p | 밀린 진도 따라잡기 / 휴일 | □ 본책 52p~63p `CHAPTER 1`<br>はじめまして。<br><br>□ 워크북 2p~5p |
| **Day 10** 월 일 | **Day 11** 월 일 | **Day 12** 월 일 |
| 밀린 진도 따라잡기 / 휴일 | □ 본책 92p~103p `CHAPTER 4`<br>やすくて おいしいです。<br><br>□ 워크북 14p~17p | □ 본책 104p~115p `CHAPTER 5`<br>しんせんで おいしいです。<br><br>□ 워크북 18p~21p |
| **Day 16** 월 일 | **Day 17** 월 일 | **Day 18** 월 일 |
| 밀린 진도 따라잡기 / 휴일 | □ 본책 144p~155p `CHAPTER 8`<br>何が ありますか。<br><br>□ 워크북 30p~33p | □ 본책 156p~167p `CHAPTER 9`<br>誰が いますか。<br><br>□ 워크북 34p~37p |
| **Day 22** 월 일 | **Day 23** 월 일 | **Day 24** 월 일 |
| □ 본책 184p~195p `CHAPTER 11`<br>電車で 行きます。<br><br>□ 워크북 42p~45p | □ 본책 196p~207p `CHAPTER 12`<br>映画を 見ましたか。<br><br>□ 워크북 46p~49p | □ 본책 208p~211p `REVIEW TEST`<br>CHAPTER 10~12 복습 |
| **Day 28** 월 일 | **Day 29** 월 일 | **Day 30** 월 일 |
| □ 본책 236p~247p `CHAPTER 15`<br>話しても いいです。<br><br>□ 워크북 58p~61p | □ 본책 248p~251p **REVIEW TEST**<br>CHAPTER 13~15 복습 | 밀린 진도 따라잡기 / 휴일 |

# 이 책의 구성과 학습법

**가장 쉬운 독학 일본어 첫걸음**은 다음과 같이 구성됩니다.
본책을 중심으로 학습하면서 각 구성물도 함께 활용하세요!

| | |
|---|---|
| 본책 | |
| 워크북 | 쓰기노트 |
| 핸드북 | 오십음도 |
| 활용 연습장 | 학습 플래너 |

---

**본책**

가장 쉬운 독학 일본어 첫걸음의 중심이 되는 책입니다.
크게 **일본어의 문자와 발음**과 CHAPTER 1~15로 구성되어 있습니다.

**일본어의 문자와 발음**

일본어의 문자인 히라가나와 가타카나에 대해 학습합니다.

❶ 각 행(行)의 특징을 정리하였습니다.
❷ 만화를 통해 각 글자의 발음을 짐작해 봅니다.
❸ MP3 파일을 들으며 히라가나 각 행의 다섯 글자를 학습합니다.
❹ MP3 파일을 들으며 가타카나 각 행의 다섯 글자를 학습합니다.
❺ 각 글자의 발음 포인트를 정리하였습니다.

❻ 잠깐! 함께 제공되는 **쓰기노트**를 활용하면 학습 효과 UP! UP!

본격적인 일본어 학습이 시작됩니다.

**① QR 코드** : 스마트폰의 QR 코드 리더 어플로 QR 코드를 찍으면 동영상 강의로 이동합니다. PC 이용 시에는 동양북스 홈페이지에서 시청 가능합니다.

**② 학습목표** : 각 CHAPTER의 주요 학습 내용을 정리하였습니다.

**③ 복습** : 이전 CHAPTER에서 학습한 내용을 잘 기억하고 있는지 확인합니다.

**④ 학습 맛보기** : 각 CHAPTER에서 학습할 내용을 미리 만화로 만나 봅니다. 주요 등장인물인 시우, 유리에, 스미스의 일본 생활을 담고 있습니다.

**① 핵심 문장** : 핵심 문법을 문장 형태로 제시합니다.

**② 듣기** : MP3 파일이 제공됩니다. 해당 문장을 속도를 달리 하여 읽어 줍니다. (느린 속도, 보통 속도)

**③ 설명** : 핵심 문법을 자세히 정리합니다.

**④ 팁** : 가볍게 읽어 볼 만한 이야기, 주의점 등을 정리하였습니다.

**⑤ 단어 정리** : 핵심 문장에서 설명되지 않은 단어 또는 예문에 나온 단어 등을 정리하였습니다.

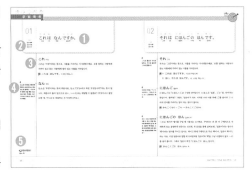

**① 핵심 패턴** : 문법 콕콕의 핵심 문장을 기본 패턴으로 하여 다양한 표현을 연습합니다. ①~④에서 주어진 표현을 기본 패턴에 맞게 변형하여 말하는 연습을 해 봅니다.

**② 듣기** : 기본 패턴과 패턴 연습 내용이 모두 녹음되어 있습니다.

**③ 단어 정리** : 처음 나온 단어를 정리하였습니다.

**④ 정답** : 패턴 연습 내용을 글로 정리한 페이지 안내입니다.

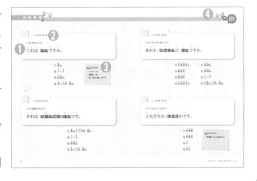

## 회화 술술
학습 내용을 총망라한 회화문

❶ **듣기** : 두 가지 파일이 제공됩니다. 느린 속도 버전, 보통 속도 버전이 제공되므로 학습에 활용하세요.

❷ **회화문** : 문법 콕콕과 패턴 톡톡에서 학습한 내용을 총망라하여 회화문을 구성하였습니다.

❸ **해석해 보기** : 지금까지 학습한 내용을 떠올리며 직접 그 뜻을 적어 봅니다.

❹ **해석** : 회화문의 해석입니다. 밑줄은 '해석해 보기' 작성에 참고하세요.

❺ **단어 정리** : 회화문에 나오는 단어를 정리하였습니다. 다시 한 번 꼼꼼하게 확인할 수 있습니다.

❻ **おまけ!하나더!** : おまけ(오마케)는 '덤'이라는 뜻의 일본어입니다. 회화문의 표현 중 추가적으로 알아 둘 표현을 정리하였습니다.

## 문제 척척
학습 내용 확인 문제

## 왁자지껄 일본 이야기
일본에 관한 다양한 이야기

• 각 CHAPTER의 핵심 내용으로 문제를 만들었습니다. 학습 내용을 정리하고 꼭 풀어 봅시다.

• 일본의 문화나 언어 등에 관한 짧은 글입니다. 가볍게 읽고 한 CHAPTER의 학습을 마무리합니다.

## REVIEW TEST
중간 점검 페이지

• 지금까지 학습한 내용을 좀 더 확실히 알고 넘어갈 수 있도록 중간 점검 페이지를 마련하였습니다. 주요 학습 내용을 정리한 REVIEW와 문제로 이루어진 REVIEW TEST로 구성되어 있습니다.

본책의 '일본어의 문자와 발음' 학습 시에 활용하세요.

 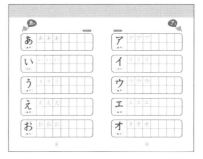

본책에서 학습한 내용을 확인해 보는 연습문제로 구성되어 있습니다. 한 CHAPTER의 학습이 끝나면 워크북에서 해당 CHAPTER를 찾아 꼭 풀어 보세요.

 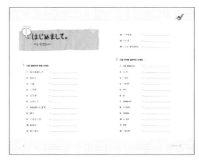

워크북

핸드북 (PDF)

크게 네 부분으로 구성되어 있습니다.

1. 문법 정리 : 본책의 주요 문법 사항을 정리하였습니다.

2. 나만의 문법노트 : 학습자가 직접 주요 문법에 대해 정리해 볼 수 있습니다.

3. 중요 단어 : 주요 품사의 중요 단어를 정리하였습니다.

4. 회화 술술 : 본책의 회화 술술만 모아 정리하였습니다. 제공되는 MP3 파일도 함께 활용해 보세요.

**MP3**

학습에 필요한 듣기 자료를 원어민 발음으로 들어보실 수 있습니다. QR코드를 찍어서 바로 들으실 수도 있고, 동양북스 홈페이지 자료실에서 통째로 다운로드 하실 수도 있습니다.

**동양북스 홈페이지** http://www.dongyangbooks.com/

MP3 바로듣기

**오십음도**

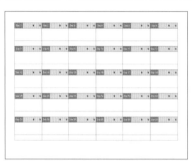

히라가나와 가타카나를 써보는 연습장 PDF를 제공합니다. 프린터로 출력하거나 태블릿PC에서 다회용으로 쓸 수 있습니다.

**활용 연습장**

활용형이 많은 い형용사, な형용사, 동사의 활용을 연습할 수 있게 PDF로 제공합니다. 프린터로 출력하거나 태블릿PC에서 다회용으로 쓸 수 있습니다.

**학습 플래너**

각자 학습 스타일에 맞추어 공부할 수 있도록 학습 플래너 양식을 제공합니다. 본문 8~9페이지에 있는 학습 플랜 양식을 그대로 가져왔습니다.

## 동영강 강의 시청 방법

### 1. 스마트폰으로 시청 시
스마트폰의 QR 코드 리더 어플로 각 CHAPTER 첫 페이지의 QR 코드를 찍으면 해당 강의로 이동합니다.

### 2. 컴퓨터로 시청 시
동양북스 홈페이지에서 시청 가능합니다.
동양북스 홈페이지 http://www.dongyangbooks.com/

**무료강의 제공**

## 팟캐스트 오디오 해설 강의 청취 방법

### 1. 아이폰 사용자
 PODCAST 앱에서 '가장 쉬운 독학 일본어 첫걸음'을 검색하세요.

### 2. 안드로이드 사용자
 팟빵 어플에서 '가장 쉬운 독학 일본어 첫걸음'을 검색하세요.

### 3. 컴퓨터로 청취 시
- 팟빵 http://www.podbbang.com에 접속하여 "동양북스" 검색
- 애플 iTunes 프로그램에서 "동양북스" 검색

모르는 것이 있을 때?

A/S 일본어 궁금증을 해결해 드립니다!
일본어에 대한 질문을 남겨 주시면, 질문을 모아 강의해 드리겠습니다!

http://www.podbbang.com/ch/11742
http://blog.naver.com/dymg98

## 일러두기

### CHAPTER 9까지는 한글 독음이 달려 있습니다.

일본어의 문자에 익숙해질 때까지 한글 독음을 참고하면 됩니다. 다만, 한글로 일본어를 표기하는 데에는 정확성에 한계가 있으므로 가능한 한 녹음된 음성으로 발음을 확인하기 바랍니다.

### 한글 독음 표기 중 '‒', '·'은 일본어의 박자를 나타냅니다.

'‒'은 장음 자리에 사용하였고, '·'은 촉음(っ)과 발음(ん) 자리에 사용하였습니다. '‒'이 있으면 앞 글자를 한 박자 더 길게 발음하고, '·'이 있으면 촉음과 발음이 가지는 박자를 제대로 지켜서 발음하면 됩니다. 자세한 내용은 48p~50p의 촉음, 장음, 발음 설명을 참고하세요.

### CHAPTER 7까지는 한자 표기를 하지 않았습니다.

히라가나, 가타카나에 익숙해지는 것이 먼저이기 때문입니다. CHAPTER 8부터 나오는 한자에는 히라가나로 읽는 법을 달아 두었습니다. 학습 시에는 가능한 한 한자만 보고 읽는 연습을 해주세요.

### 일본어 표기에 띄어쓰기를 도입하였습니다.

일본어는 기본적으로 띄어쓰기를 하지 않습니다. 한자와 히라가나, 가타카나를 함께 쓰기 때문에 띄어 쓰지 않아도 끊어 읽을 부분을 알 수 있기 때문입니다. 하지만 본책은 한자 학습의 부담을 줄이기 위해 CHAPTER 7까지 한자 표기를 하지 않으므로 학습 초반에 혼란을 겪을 수도 있습니다. 이를 미연에 방지하고자 전체적으로 띄어쓰기를 하고 있습니다.

# 일본어의
# 문자와 발음

동영상 강의 보기

# 일본어의 문자에 대해

일본어는 **히라가나**, **가타카나**, **한자** 등 세 종류의 문자를 사용하여 표기합니다.

한자

가타카나

교토의 버스 노선을 안내하는 전단

히라가나

## ○ 히라가나(ひらがな)

한자의 초서체에서 비롯된 글자입니다. 9세기경 성립된 것으로 추정되며, 여성들이 주로 사용했으므로 여성글자라고 했으나, 현대 일본어에서는 인쇄·필기의 모든 경우에 사용되는 기본 문자입니다.

예  以 → い (이)　　　　宇 → う (우)

　　加 → か (카)　　　　幾 → き (키)

　　計 → け (케)　　　　毛 → も (모)

## ◦ 가타카나(カタカナ)

한자의 일부를 차용해서 만든 글자로 외래어, 전보문, 의성어·의태어, 동·식물의 이름 표기, 특별히 강조할 필요가 있을 경우 등에 사용합니다. 일본어의 외래어는 그 발음이 원어(原語)와 다른 경우가 많으므로 주의해야 합니다. 일본인에게 원어의 발음대로 하면 통하지 않는 경우가 많으므로, 일본식 발음을 철저히 익혀야 원활한 의사소통이 가능합니다.

예  阿 → ア  <sup>아</sup>　　　　加 → カ  <sup>카</sup>

Hotel → ホテル <sup>호텔</sup>　　　Coffee → コーヒー <sup>커피</sup>

김치 → キムチ <sup>키무치</sup>　　　한글 → ハングル <sup>항구루</sup>

## ◦ 한자(漢字)

중국이나 우리나라에서는 한자를 음으로만 읽지만, 일본에서는 음뿐만 아니라 뜻으로도 읽습니다. 음으로 읽는 것을 '음독(音読)', 뜻으로 읽는 것을 '훈독(訓読)'이라고 합니다. 일본어의 한자는 한 글자에 음독, 훈독이 두 가지 이상인 경우도 있습니다.

예  훈독 山(やま) <sup>산</sup>　　　　花(はな) <sup>꽃</sup>

음독 富士山(ふじさん) <sup>후지산</sup>　　花瓶(かびん) <sup>꽃병</sup>

한 단어 속에 '음독'과 '훈독'이 섞여 있는 경우도 있습니다.

예  毎朝(まい あさ) <sup>매일 아침</sup>　　消印(けし いん) <sup>소인</sup>
음독　훈독　　　　　　　　　훈독　음독

일본어의 일부 한자는 한국에서 쓰는 한자와 표기가 다르기도 합니다.

　　　　　　　　한국　　일본
예  배울 학 →　 學　　 学
올 래　 →　 來　　 来

# 오십음도

다섯 글자씩 10행으로 배열한 일본어 문자표를 '오십음도'라고 합니다.

## ○ 히라가나 오십음도 🎧 MP3_001

|  | あ행 | か행 | さ행 | た행 | な행 | は행 | ま행 | や행 | ら행 | わ행 |
|---|---|---|---|---|---|---|---|---|---|---|
| あ단 | あ<br>[a 아] | か<br>[ka 카] | さ<br>[sa 사] | た<br>[ta 타] | な<br>[na 나] | は<br>[ha 하] | ま<br>[ma 마] | や<br>[ya 야] | ら<br>[ra 라] | わ<br>[wa 와] | ん<br>[N 응] |
| い단 | い<br>[i 이] | き<br>[ki 키] | し<br>[shi 시] | ち<br>[chi 치] | に<br>[ni 니] | ひ<br>[hi 히] | み<br>[mi 미] |  | り<br>[ri 리] | |
| う단 | う<br>[u 우] | く<br>[ku 쿠] | す<br>[su 스] | つ<br>[tsu 츠] | ぬ<br>[nu 누] | ふ<br>[hu 후] | む<br>[mu 무] | ゆ<br>[yu 유] | る<br>[ru 루] | |
| え단 | え<br>[e 에] | け<br>[ke 케] | せ<br>[se 세] | て<br>[te 테] | ね<br>[ne 네] | へ<br>[he 헤] | め<br>[me 메] |  | れ<br>[re 레] | |
| お단 | お<br>[o 오] | こ<br>[ko 코] | そ<br>[so 소] | と<br>[to 토] | の<br>[no 노] | ほ<br>[ho 호] | も<br>[mo 모] | よ<br>[yo 요] | ろ<br>[ro 로] | を<br>[o 오] |

## ○ 가타카나 오십음도 🎧 MP3_002

|  | ア행 | カ행 | サ행 | タ행 | ナ행 | ハ행 | マ행 | ヤ행 | ラ행 | ワ행 |
|---|---|---|---|---|---|---|---|---|---|---|
| ア단 | ア<br>[a 아] | カ<br>[ka 카] | サ<br>[sa 사] | タ<br>[ta 타] | ナ<br>[na 나] | ハ<br>[ha 하] | マ<br>[ma 마] | ヤ<br>[ya 야] | ラ<br>[ra 라] | ワ<br>[wa 와] | ン<br>[N 응] |
| イ단 | イ<br>[i 이] | キ<br>[ki 키] | シ<br>[shi 시] | チ<br>[chi 치] | ニ<br>[ni 니] | ヒ<br>[hi 히] | ミ<br>[mi 미] |  | リ<br>[ri 리] | |
| ウ단 | ウ<br>[u 우] | ク<br>[ku 쿠] | ス<br>[su 스] | ツ<br>[tsu 츠] | ヌ<br>[nu 누] | フ<br>[hu 후] | ム<br>[mu 무] | ユ<br>[yu 유] | ル<br>[ru 루] | |
| エ단 | エ<br>[e 에] | ケ<br>[ke 케] | セ<br>[se 세] | テ<br>[te 테] | ネ<br>[ne 네] | ヘ<br>[he 헤] | メ<br>[me 메] |  | レ<br>[re 레] | |
| オ단 | オ<br>[o 오] | コ<br>[ko 코] | ソ<br>[so 소] | ト<br>[to 토] | ノ<br>[no 노] | ホ<br>[ho 호] | モ<br>[mo 모] | ヨ<br>[yo 요] | ロ<br>[ro 로] | ヲ<br>[o 오] |

**행**: 위 오십음도의 가로줄을 '행(行)'이라고 부르며, 각 행의 첫 글자를 따서 '○행'이라 칭합니다. 이를테면, 'か행'은 「か・き・く・け・こ」를 가리키며 첫 글자를 따서 'か행'이라고 합니다.

**단**: 위 오십음도의 세로줄을 '단(段)'이라고 부릅니다. 이것 역시 그 줄의 첫 글자를 따서 '○단'이라 칭합니다. 단에는 '아단, 이단, 우단, 에단, 오단'의 다섯 가지가 있는데, '아단'이라고 하면 그 단에 속해 있는 글자가 '아' 모음으로 끝나는 것을 말합니다.

## ◉ 탁음 🎧 MP3_003

|  | が행 | ざ행 | だ행 | ば행 |
|---|---|---|---|---|
| あ단 | が<br>[ ga 가 ] | ざ<br>[ za 자 ] | だ<br>[ da 다 ] | ば<br>[ ba 바 ] |
| い단 | ぎ<br>[ gi 기 ] | じ<br>[ ji 지 ] | ぢ<br>[ ji 지 ] | び<br>[ bi 비 ] |
| う단 | ぐ<br>[ gu 구 ] | ず<br>[ zu 즈 ] | づ<br>[ zu 즈 ] | ぶ<br>[ bu 부 ] |
| え단 | げ<br>[ ge 게 ] | ぜ<br>[ ze 제 ] | で<br>[ de 데 ] | べ<br>[ be 베 ] |
| お단 | ご<br>[ go 고 ] | ぞ<br>[ zo 조 ] | ど<br>[ do 도 ] | ぼ<br>[ bo 보 ] |

|  | ガ행 | ザ행 | ダ행 | バ행 |
|---|---|---|---|---|
| ア단 | ガ<br>[ ga 가 ] | ザ<br>[ za 자 ] | ダ<br>[ da 다 ] | バ<br>[ ba 바 ] |
| イ단 | ギ<br>[ gi 기 ] | ジ<br>[ ji 지 ] | ヂ<br>[ ji 지 ] | ビ<br>[ bi 비 ] |
| ウ단 | グ<br>[ gu 구 ] | ズ<br>[ zu 즈 ] | ヅ<br>[ zu 즈 ] | ブ<br>[ bu 부 ] |
| エ단 | ゲ<br>[ ge 게 ] | ゼ<br>[ ze 제 ] | デ<br>[ de 데 ] | ベ<br>[ be 베 ] |
| オ단 | ゴ<br>[ go 고 ] | ゾ<br>[ zo 조 ] | ド<br>[ do 도 ] | ボ<br>[ bo 보 ] |

## ◉ 반탁음 🎧 MP3_004

|  | ぱ행 |
|---|---|
| あ단 | ぱ<br>[ pa 파 ] |
| い단 | ぴ<br>[ pi 피 ] |
| う단 | ぷ<br>[ pu 푸 ] |
| え단 | ぺ<br>[ pe 페 ] |
| お단 | ぽ<br>[ po 포 ] |

|  | パ행 |
|---|---|
| ア단 | パ<br>[ pa 파 ] |
| イ단 | ピ<br>[ pi 피 ] |
| ウ단 | プ<br>[ pu 푸 ] |
| エ단 | ペ<br>[ pe 페 ] |
| オ단 | ポ<br>[ po 포 ] |

반탁음은
ぱ행
하나뿐이에요.

# あ행

あ행의 발음은 우리말의 '아·이·우·에·오'와 비슷하지만, う는 입술을 둥글게 하지 않고 내는 소리라서 한글 '으'와 '우'의 중간 발음에 가까워요.

○ 대사를 읽고 일본어 글자의 발음이 무엇인지 맞혀 보세요.

## あ행 | あ い う え お
🎧 MP3_005

[a 아]  [i 이]  [u 우]  [e 에]  [o 오]

아 이
☐ あい 사랑

이 에
☐ いえ 집

우 에
☐ うえ 위

에
☐ え 그림

아 오 이
☐ あおい 파랗다

## ア행 | ア イ ウ エ オ
🎧 MP3_006

[a 아]  [i 이]  [u 우]  [e 에]  [o 오]

아 이 스
☐ アイス 얼음

잉 · 쿠
☐ インク 잉크

우 이 루 스
☐ ウイルス 바이러스

에 아 콩 ·
☐ エアコン 에어컨

오 이 루
☐ オイル 기름

 발음 포인트!

あ | ア  우리말의 '아' 발음과 거의 같습니다.

い | イ  우리말의 '이' 발음과 거의 같습니다.

う | ウ  あ행에서 가장 주의해야 할 발음입니다. 우리말의 '우' 발음은 입술을 둥글게 한 뒤 쭈욱 내밀어서 발음하지만, 일본어의 う 발음은 입술을 둥글게 하지 않고 약간만 내밀어서 부드럽게 발음합니다.

え | エ  '애'와 '에'의 중간 발음입니다.

お | オ  '오'와 거의 비슷하지만, 입술을 내밀지 않고 발음합니다.

# 청음

## か 행

か 행의 자음 발음은 단어의 첫머리에 오면 우리말 'ㄱ'과 'ㅋ'의 중간 정도의 발음이 되고, 단어의 중간이나 끝에 오면 우리말 'ㄲ'에 가까워요.

◎ 대사를 읽고 일본어 글자의 발음이 무엇인지 맞혀 보세요.

か멜레온
き우니?

く바에서
가져온 거야.

け첩 뿌린 거미를
특히 잘 먹지.

こ가 참 귀엽지!

## か행 · か き く け こ
🎧 MP3_007

[ ka 카 ]　[ ki 키 ]　[ ku 쿠 ]　[ ke 케 ]　[ ko 코 ]

아 까 이
□ あかい　빨갛다

아 끼
□ あき　가을

키 꾸
□ きく　국화

이 케
□ いけ　연못

코 꼬
□ ここ　여기

## 力행 · カ キ ク ケ コ
🎧 MP3_008

[ ka 카 ]　[ ki 키 ]　[ ku 쿠 ]　[ ke 케 ]　[ ko 코 ]

카 메 라
□ カメラ　카메라

킷 칭
□ キッチン　키친

쿡 킹 구
□ クッキング　쿠킹, 요리

카 라 오 케
□ カラオケ　노래방

코 코 아
□ ココア　코코아

---

 발음 포인트!

か|カ　로마자는 'ka', 우리말 읽는 법은 '카'로 제시했으나, 사실은 '가'와 '카'의 중간 정도의 음으로 발음합니다. 실제 일본인들의 발음을 들어 보면 '카'보다는 약합니다. 또 か가 단어의 중간이나 끝에 올 경우는 '까'로 발음합니다.

き|キ　か와 마찬가지로 '기'보다는 강하게, '키'보다는 약하게 발음합니다.

く|ク　우리말 '구'와 '쿠'의 중간 정도의 발음입니다.

け|ケ　우리말 '게'와 '케'의 중간 정도의 발음입니다.

こ|コ　우리말 '고'와 '코'의 중간 정도의 발음입니다.

# さ <sub>행</sub>

さ행의 발음은 우리말의 '사 · 시 · 스 · 세 · 소'와 비슷하지만, す는 우리말 '스'와 '수'의 중간 정도의 발음이므로 주의해야 합니다.

◎ 대사를 읽고 일본어 글자의 발음이 무엇인지 맞혀 보세요.

**さ**귀자!

し큰둥~

**す**케줄이 바빠서 이만.

**せ**번째 차였다…….

**そ**개팅은 나랑 맞지 않아.

쓰기노트 6p

さ행 🎧 MP3_009

# さ し す せ そ

[ sa 사 ]　　[ shi 시 ]　　[ su 스 ]　　[ se 세 ]　　[ so 소 ]

- □ あさ 아침
- □ しお 소금
- □ いす 의자
- □ せき 자리
- □ そこ 거기, 그곳

サ행 🎧 MP3_010

# サ シ ス セ ソ

[ sa 사 ]　　[ shi 시 ]　　[ su 스 ]　　[ se 세 ]　　[ so 소 ]

- □ サイズ 사이즈
- □ システム 시스템
- □ スタイル 스타일
- □ セーター 스웨터
- □ ソース 출처

### 발음 포인트!

さ | サ　우리말 '사'와 발음이 거의 같습니다.

し | シ　'시'보다는 '쉬'에 가깝게 발음하며, 발음할 때 혀가 아래쪽으로 붙어야 합니다.

す | ス　'수' 보다는 '스'에 가깝게 발음합니다. 입술을 둥글게 하지 않고 너무 앞으로 내밀지 않도록 합니다.

せ | セ　우리말 '세'와 발음이 같습니다.

そ | ソ　우리말 '소'와 발음이 같습니다.

# た행

た행의 발음은 단어의 첫머리에 오면 우리말 'ㄷ'과 'ㅌ'의 중간 정도 되는 음으로 발음하고, 단어의 중간이나 끝에 오면 'ㄸ'에 가깝게 발음합니다.

◎ 대사를 읽고 일본어 글자의 발음이 무엇인지 맞혀 보세요.

た 잔이

ち 타하고

벤つ 타고

て 헤란로에 나타나면

と 픽감이겠지?

TOPIC!!!

쓰기노트 8p

## た행 | た ち っ て と

🎧 MP3_011

[ ta 타 ]　　[ chi 치 ]　　[ tsu 츠 ]　　[ te 테 ]　　[ to 토 ]

타 까 이
□ たかい 비싸다

치 찌
□ ちち 아버지

츠 꾸 에
□ つくえ 책상

테
□ て 손

토 끼
□ とき 때

## 夕행 | 夕 チ ツ テ ト

🎧 MP3_012

[ ta 타 ]　　[ chi 치 ]　　[ tsu 츠 ]　　[ te 테 ]　　[ to 토 ]

타 이
□ タイ 태국

치 킹 ·
□ チキン 치킨

츠 잉 ·
□ ツイン 트윈

텐 · 또
□ テント 텐트

토 이 레
□ トイレ 화장실

 발음 포인트!

た|夕　우리말 '타'에 가까운 발음이지만, 단어의 중간이나 끝에 올 때는 '따'에 가깝게 발음합니다.

ち|チ　'치'보다는 '찌'에 좀 더 가깝습니다.

つ|ツ　혀 끝부분을 앞니 뒷면과 잇몸이 맞닿아 있는 경계선 부분에 살짝 댄 상태에서 혀로 살짝 차면서 '쯔'라고 발음합니다.

て|テ　우리말 '테'와 '데'의 중간 정도의 발음이지만, '테'에 좀 더 가깝습니다. 단어의 중간이나 끝에 올 때는 '떼'에 가깝게 발음합니다.

と|ト　우리말 '토'와 '도'의 중간 정도의 발음이지만, '토'에 좀 더 가깝습니다. 단어의 중간이나 끝에 올 때는 '또'에 가깝게 발음합니다.

# な행

な행의 발음은 우리말의 '나·니·누·네·노'와 비슷합니다. 단, ぬ는 우리말 '느'와 '누'의 중간 정도의 발음입니다.

○ 대사를 읽고 일본어 글자의 발음이 무엇인지 맞혀 보세요.

な무꾼이

に옷을 감추었다고?

ぬ군지 취향 참……

우리 ね명 중에 하필

네 옷을 の리다니

쓰기노트 10p

な행 🎧 MP3_013

# な に ぬ ね の

[ na 나 ] [ ni 니 ] [ nu 누 ] [ ne 네 ] [ no 노 ]

- □ なく 울다 〔나꾸〕
- □ にし 서쪽 〔니시〕
- □ いぬ 개 〔이 누〕
- □ ねこ 고양이 〔네 꼬〕
- □ のり 김 〔노 리〕

ナ행 🎧 MP3_014

# ナ ニ ヌ ネ ノ

[ na 나 ] [ ni 니 ] [ nu 누 ] [ ne 네 ] [ no 노 ]

- □ ナース 간호사 〔나 - 스〕
- □ ニーズ 욕구 〔니 - 즈〕
- □ ヌードル 누들 〔누 - 도 루〕
- □ ネーム 네임 〔네 - 무〕
- □ ノート 노트 〔노 - 토〕

발음 포인트!

な | ナ 우리말 '나'와 발음이 거의 같습니다.

に | ニ 우리말 '니'와 발음이 거의 같습니다.

ぬ | ヌ 우리말 '누'와 '느'의 중간 정도의 발음입니다.

ね | ネ 우리말 '네'와 발음이 거의 같습니다.

の | ノ 우리말 '노'와 발음이 거의 같습니다.

# は <sub>행</sub>

は행의 발음은 우리말 'ㅎ'과 비슷합니다. 그중 ふ는 우리말의 'ㅎ'와 '후'의 중간 정도의 발음이므로 주의하세요.

◎ 대사를 읽고 일본어 글자의 발음이 무엇인지 맞혀 보세요.

は지 마!

ひ히, 재밌잖아.

ふ회한다, 너.

へ헤헷! 받아라!

ほ기심이 지나치면 화를 부르지.

| 쓰기노트 12p |

## は행 🎧MP3_015 | は ひ ふ へ ほ

[ ha 하 ]     [ hi 히 ]     [ hu 후 ]     [ he 헤 ]     [ ho 호 ]

□ はな 꽃     □ ひと 사람     □ ふね 배, 선박
(하 나)             (히 또)            (후 네)

□ へそ 배꼽     □ ほし 별
(헤 소)             (호 시)

## ハ행 🎧MP3_016 | ハ ヒ フ ヘ ホ

[ ha 하 ]     [ hi 히 ]     [ hu 후 ]     [ he 헤 ]     [ ho 호 ]

□ ハイキング 하이킹     □ ヒーロー 히어로, 영웅     □ マフラー 머플러
(하 이 킹 · 구)            (히 - 로 -)             (마 후 라 -)

□ ヘア 머리카락     □ ホテル 호텔
(헤 아)             (호 테 루)

 발음 포인트!

は | ハ 우리말 '하'와 발음이 거의 같습니다.

ひ | ヒ 우리말 '히'와 발음이 거의 같습니다.

ふ | フ 우리말 '후'와 '흐'의 중간 정도의 음입니다.

へ | ヘ 우리말 '헤'와 발음이 거의 같습니다.

ほ | ホ 우리말 '호'와 발음이 거의 같습니다.

# 청음

# **ま**행

ま행의 자음 발음은 우리말의 '마·미·무·메·모'와 비슷합니다. 그중, む 는 '므'와 '무'의 중간 정도의 발음이므로 주의하세요.

○ 대사를 읽고 일본어 글자의 발음이 무엇인지 맞혀 보세요.

**ま**지막 반전이 놀라웠어!

**み**리 알았으면 **む**지 허무했겠어.

하긴······ **め**밀국수집 요리사와 주인공이

**も**녀 사이라는 걸 알면 영화를 무슨 재미로 보겠어.

34

| ま행 | ま | み | む | め | も |
|---|---|---|---|---|---|
| 🎧 MP3_017 | [ ma 마 ] | [ mi 미 ] | [ mu 무 ] | [ me 메 ] | [ mo 모 ] |

□ たま 구슬 (타 마)

□ みみ 귀 (미 미)

□ むすこ 아들 (무 스 꼬)

□ め 눈(目) (메)

□ もち 찹쌀떡 (모 찌)

| マ행 | マ | ミ | ム | メ | モ |
|---|---|---|---|---|---|
| 🎧 MP3_018 | [ ma 마 ] | [ mi 미 ] | [ mu 무 ] | [ me 메 ] | [ mo 모 ] |

□ マイク 마이크 (마 이 쿠)

□ ミルク 우유 (미 루 꾸)

□ ホームラン 홈런 (호 ― 무 랑 ·)

□ メロン 멜론 (메 롱 ·)

□ モデル 모델 (모 데 루)

 발음 포인트!

ま | マ  우리말 '마'와 발음이 거의 같습니다.

み | ミ  우리말 '미'와 발음이 거의 같습니다.

む | ム  우리말 '무'와 '므'의 중간 정도의 발음입니다.

め | メ  우리말 '메'와 발음이 거의 같습니다.

も | モ  우리말 '모'와 발음이 거의 같습니다.

행 | や행은 일본어의 반모음으로, 우리말의 '야 · 유 · 요'와 발음이 비슷합니다.
그중, ゆ는 입술이 둥글게 되지 않도록 주의해야 합니다.

◉ 대사를 읽고 일본어 글자의 발음이 무엇인지 맞혀 보세요.

や행 MP3_019 や [ ya 야 ]   ゆ [ yu 유 ]   よ [ yo 요 ]

□ <sup>야 사 이</sup> やさい 야채   □ <sup>유 끼</sup> ゆき 눈(雪)   □ <sup>요 꼬</sup> よこ 옆

ヤ행 MP3_020 ヤ [ ya 야 ]   ユ [ yu 유 ]   ヨ [ yo 요 ]

□ <sup>야 쿠 루 토</sup> ヤクルト 요구르트   □ <sup>유 - 자 -</sup> ユーザー 소비자, 유저   □ <sup>요 가</sup> ヨガ 요가

 발음 포인트!

や | ヤ  우리말 '야'와 발음이 같습니다.

ゆ | ユ  우리말 '유'와 거의 같지만, 입술을 앞으로 내밀지 않고 발음합니다.

よ | ヨ  우리말 '요'와 거의 같지만, 입술을 앞으로 내밀지 않고 발음합니다.

# ら행

ら행의 자음 발음은 우리말의 '라·리·루·레·로'와 비슷합니다. る는 입술이 둥글게 되지 않도록 주의해야 합니다.

○ 대사를 읽고 일본어 글자의 발음이 무엇인지 맞혀 보세요.

ら디오에서 흘러나온

り듬에 맞춰

룰る랄라 댄스~!

れ벨 높은

ろ봇 춤도 완벽~!

| 쓰기노트 18p |

## ら행 ‧ MP3_021

| ら | り | る | れ | ろ |
|---|---|---|---|---|
| [ ra 라 ] | [ ri 리 ] | [ ru 루 ] | [ re 레 ] | [ ro 로 ] |

□ さくら 벚꽃 （사꾸라）  □ りす 다람쥐 （리스）  □ くるま 차(車) （쿠루마）

□ れんあい 연애 （렝‧아이）  □ いろ 색, 색깔 （이로）

## ラ행 ‧ MP3_022

| ラ | リ | ル | レ | ロ |
|---|---|---|---|---|
| [ ra 라 ] | [ ri 리 ] | [ ru 루 ] | [ re 레 ] | [ ro 로 ] |

□ ライバル 라이벌 （라이바루）  □ リボン 리본 （리봉‧）  □ タオル 타월 （타오루）

□ レモン 레몬 （레몬‧）  □ ロシア 러시아 （로시아）

 발음 포인트!

ら | ラ  우리말 '라'와 발음이 거의 같습니다.

り | リ  우리말 '리'와 발음이 거의 같습니다.

る | ル  우리말 '루'와 발음이 거의 같습니다. 입술을 앞으로 내밀지 않고 발음합니다.

れ | レ  우리말 '레'와 발음이 거의 같습니다.

ろ | ロ  우리말 '로'와 발음이 거의 같습니다.

# わ행

# わ
# ん

わ 는 우리말의 '와'와 발음이 거의 비슷합니다. を는 あ행의 お와 발음은 같지만 조사로만 쓰인다는 점이 다릅니다.

ん은 우리말의 받침과 같은 것으로, 뒤에 오는 글자에 따라서 'ㅁ·ㄴ·ㅇ' 등으로 발음됩니다.

◉ 대사를 읽고 일본어 글자의 발음이 무엇인지 맞혀 보세요.

わ락!

を빠, 나만 사랑해 줄 거지?

ん! 당연하지~

□ わいろ 뇌물

□ ～を ~을/를

□ ワイフ 아내

□ うんめい 운명

□ てんき 날씨

□ アンテナ 안테나

□ センス 센스

 발음 포인트!

わ|ワ 우리말 '와'와 비슷하지만, 입 모양을 크게 바꾸지 않고 부드럽게 발음하는 것이 자연스럽습니다.

を|ヲ を는 お와 발음이 같지만, '～을/를'이라는 뜻의 조사로만 사용됩니다.

ん|ン '응'이라고 읽지만, 단어의 첫머리에 오는 경우는 거의 없고, 다른 음 뒤에 붙어서 'ㅁ, ㄴ, ㅇ' 받침과 같이 발음됩니다.

# が 행

が 행의 자음 발음은 영어의 [g]와 같습니다. 도쿄 지역에서는 단어의 중간이나 끝에 が행 글자가 오면 이 자음 발음을 [ŋ]으로 발음하기도 했는데, 최근의 젊은이들은 다시 [g]로 발음하는 추세입니다.

쓰기노트 22p

## が 행 🎧 MP3_027

| が | ぎ | ぐ | げ | ご |
|---|---|---|---|---|
| [ ga 가 ] | [ gi 기 ] | [ gu 구 ] | [ ge 게 ] | [ go 고 ] |

- ☐ がか <sub>화가</sub> (가 까)
- ☐ かぎ 열쇠 (카 기)
- ☐ かぐ 가구 (카 구)
- ☐ かげ 그늘 (카 게)
- ☐ あご 턱 (아 고)

## ガ 행 🎧 MP3_028

| ガ | ギ | グ | ゲ | ゴ |
|---|---|---|---|---|
| [ ga 가 ] | [ gi 기 ] | [ gu 구 ] | [ ge 게 ] | [ go 고 ] |

- ☐ ガイド 가이드 (가 이 도)
- ☐ ギター 기타 (기 타 -)
- ☐ グッズ 상품 (굿 · 즈)
- ☐ ゲート 게이트 (게 - 토)
- ☐ ゴリラ 고릴라 (고 리 라)

# ざ 행

ざ 행의 자음 발음은 우리말에 없기 때문에 틀리기 쉽습니다. 앞에서 배운 「さ・し・す・せ・そ」 발음의 입 모양을 그대로 유지한 채 성대를 울려서 내는 발음입니다.

쓰기노트 24p

## ざ 행 — MP3_029

| ざ | じ | ず | ぜ | ぞ |
|---|---|---|---|---|
| [ za 자 ] | [ ji 지 ] | [ zu 주 ] | [ ze 제 ] | [ zo 조 ] |

□ ざぶとん 방석 (자부똥・)

□ ちず 지도 (치 즈)

□ ぞう 코끼리 (조 -)

□ すじ 근육, 힘줄 (스 지)

□ かぜ 바람 (카 제)

## ザ 행 — MP3_030

| ザ | ジ | ズ | ゼ | ゾ |
|---|---|---|---|---|
| [ za 자 ] | [ ji 지 ] | [ zu 주 ] | [ ze 제 ] | [ zo 조 ] |

□ デザイン 디자인 (데 자 잉・)

□ ズボン 바지 (즈 봉・)

□ リゾート 리조트 (리 조 - 토)

□ ジーンズ 청바지 (진 - ・ 즈)

□ ゼリー 젤리 (제 리 -)

# だ행

だ행의「だ・で・ど」의 자음 발음은 영어의 [d]와 같습니다.「ぢ・づ」는「じ・ず」에 합류되어, 현재는 특별한 경우 외에는 쓰이지 않습니다.

| 쓰기노트 26p |
| --- |

| だ행 ∩ MP3_031 | だ [da 다] | ぢ [ji 지] | づ [zu 주] | で [de 데] | ど [do 도] |
| --- | --- | --- | --- | --- | --- |

□ だいすき 매우 좋아함 (다이스키)

□ はなぢ 코피 (하나지)

□ つづく 계속되다 (쯔즈쿠)

□ そで 소매 (소데)

□ いど 우물 (이도)

| ダ행 ∩ MP3_032 | ダ [da 다] | ヂ [ji 지] | ヅ [zu 주] | デ [de 데] | ド [do 도] |
| --- | --- | --- | --- | --- | --- |

□ ダンス 댄스 (단스)

□ デパート 백화점 (데파ー토)

□ ドル 달러 (도루)

# ば <sub>행</sub>

ば 행의 자음 발음은 우리말의 '바·비·부·베·보'와 비슷하지만, 우리말과는 달리 성대를 울려 내는 소리입니다.

쓰기노트 28p

| ば<sub>행</sub> | ば | び | ぶ | べ | ぼ |
|---|---|---|---|---|---|
| MP3_033 | [ ba 바 ] | [ bi 비 ] | [ bu 부 ] | [ be 베 ] | [ bo 보 ] |

□ はば <sub>하 바</sub> 폭, 너비

□ ぶた <sub>부 따</sub> 돼지

□ ぼうし <sub>보 - 시</sub> 모자

□ えび <sub>에 비</sub> 새우

□ くちべに <sub>쿠 찌 베 니</sub> 립스틱

| バ<sub>행</sub> | バ | ビ | ブ | ベ | ボ |
|---|---|---|---|---|---|
| MP3_034 | [ ba 바 ] | [ bi 비 ] | [ bu 부 ] | [ be 베 ] | [ bo 보 ] |

□ バス <sub>바 스</sub> 버스

□ ラブレター <sub>라 부 레 타 -</sub> 러브 레터

□ ボーカル <sub>보 - 카 루</sub> 보컬

□ ビール <sub>비 - 루</sub> 맥주

□ ベル <sub>베 루</sub> 벨, 종

# ぱ행

ぱ 행의 자음 발음은 영어의 [p]와 우리말 'ㅍ'의 중간 정도의 음입니다. 「ぱ · ぴ · ぷ · ぺ · ぽ」를 '반탁음'이라고 합니다.

| 쓰기노트 30p |

### ぱ행 🎧 MP3_035

| ぱ | ぴ | ぷ | ぺ | ぽ |
|---|---|---|---|---|
| [ pa 파 ] | [ pi 피 ] | [ pu 푸 ] | [ pe 페 ] | [ po 포 ] |

☐ はっぱ 잎사귀 (합 · 빠)

☐ きっぷ 표, 티켓 (킵 · 뿌)

☐ たんぽぽ 민들레 (탐 · 뽀 뽀)

☐ ぴかぴか 반짝반짝 (피 카 피 카)

☐ ほっぺた 뺨 (홉 · 뻬 따)

### パ행 🎧 MP3_036

| パ | ピ | プ | ペ | ポ |
|---|---|---|---|---|
| [ pa 파 ] | [ pi 피 ] | [ pu 푸 ] | [ pe 페 ] | [ po 포 ] |

☐ パイプ 파이프 (파 이 푸)

☐ プリン 푸딩 (푸 링 ·)

☐ ポイント 포인트 (포 인 · 토)

☐ ピアノ 피아노 (피 아 노)

 ☐ ペーパー 페이퍼 (페 - 파 -)

## ◉ 요음 🎧 MP3_037

반모음 「や·ゆ·よ」가 다른 가나와 함께 쓰여, 그 가나와 함께 한 글자처럼 발음되는 것을 '요음'이라고 합니다. い를 제외한 い단 글자 뒤에 나란히 붙여 씁니다. 이때 「や·ゆ·よ」는 앞 글자보다 작게 써야 합니다.

| 쓰기노트 32p |

| きゃ | キャ | しゃ | シャ | ちゃ | チャ | にゃ | ニャ | ひゃ | ヒャ |
|---|---|---|---|---|---|---|---|---|---|
| [kya 캬] | [kya 캬] | [sha 샤] | [sha 샤] | [cha 챠] | [cha 챠] | [nya 냐] | [nya 냐] | [hya 햐] | [hya 햐] |
| きゅ | キュ | しゅ | シュ | ちゅ | チュ | にゅ | ニュ | ひゅ | ヒュ |
| [kyu 큐] | [kyu 큐] | [shu 슈] | [shu 슈] | [chu 츄] | [chu 츄] | [nyu 뉴] | [nyu 뉴] | [hyu 휴] | [hyu 휴] |
| きょ | キョ | しょ | ショ | ちょ | チョ | にょ | ニョ | ひょ | ヒョ |
| [kyo 쿄] | [kyo 쿄] | [sho 쇼] | [sho 쇼] | [cho 쵸] | [cho 쵸] | [nyo 뇨] | [nyo 뇨] | [hyo 효] | [hyo 효] |

| みゃ | ミャ | りゃ | リャ |
|---|---|---|---|
| [mya 먀] | [mya 먀] | [rya 랴] | [rya 랴] |
| みゅ | ミュ | りゅ | リュ |
| [myu 뮤] | [myu 뮤] | [ryu 류] | [ryu 류] |
| みょ | ミョ | りょ | リョ |
| [myo 묘] | [myo 묘] | [ryo 료] | [ryo 료] |

| ぎゃ | ギャ | じゃ | ジャ | ぢゃ | ヂャ | びゃ | ビャ | ぴゃ | ピャ |
|---|---|---|---|---|---|---|---|---|---|
| [gya 갸] | [gya 갸] | [ja 쟈] | [ja 쟈] | [ja 쟈] | [ja 쟈] | [bya 뱌] | [bya 뱌] | [pya 퍄] | [pya 퍄] |
| ぎゅ | ギュ | じゅ | ジュ | ぢゅ | ヂュ | びゅ | ビュ | ぴゅ | ピュ |
| [gyu 규] | [gyu 규] | [ju 쥬] | [ju 쥬] | [ju 쥬] | [ju 쥬] | [byu 뷰] | [byu 뷰] | [pyu 퓨] | [pyu 퓨] |
| ぎょ | ギョ | じょ | ジョ | ぢょ | ヂョ | びょ | ビョ | ぴょ | ピョ |
| [gyo 교] | [gyo 교] | [jo 죠] | [jo 죠] | [jo 죠] | [jo 죠] | [byo 뵤] | [byo 뵤] | [pyo 표] | [pyo 표] |

おきゃくさん 손님     오 캬 꾸 상·

きょり 거리     쿄 리

しゃかい 사회     샤 카 이

しゅみ 취미     슈 미

おちゃ 차(茶)     오 차

ちゅうしゃ 주차     츄 - 샤

## ● 촉음  🎧 MP3_038

촉음은 우리말의 받침과 같은 역할을 하는 것으로, た행의 つ를 작게 써서 나타냅니다. 단, 발음은 바로 뒷 글자의 영향을 받아 뒷 글자의 자음과 똑같게 하면 되는데, 음의 길이가 우리의 받침과는 달리 한 박자이므로 주의해야 합니다.

**1** [k]로 발음되는 경우

익 · 끼
**いっき** 단숨에 마심

킥 · 카 케
**きっかけ** 계기

**2** [s]로 발음되는 경우

잇 · 사 이
**いっさい** 한 살

삿 · 소 꾸
**さっそく** 즉시

**3** [t]로 발음되는 경우

킷 · 떼
**きって** 우표

옷 · 또
**おっと** 남편

**4** [p]로 발음되는 경우

입 · 빠 이
**いっぱい** 한잔

십 · 뽀
**しっぽ** 꼬리

일본어는
가나 한 글자를
한 박자로
발음해요.

단, 요음은
두 글자를
한 박자로
발음해요.

○ **장음** MP3_039

장음은 길게 내는 소리입니다. 장음은 원칙적으로 다음과 같이 표기합니다.

1 あ단 글자 뒤에 오는 あ는 앞 글자가 장음임을 나타냅니다.

<small>오 바 － 상 ·</small>
**おばあさん** 할머니

<small>오 까 － 상 ·</small>
**おかあさん** 어머니

2 い단 글자 뒤에 오는 い는 앞 글자가 장음임을 나타냅니다.

<small>오 니 － 상 ·</small>
**おにいさん** 형님

<small>오 지 － 상 ·</small>
**おじいさん** 할아버지

3 う단 글자 뒤에 오는 う는 앞 글자가 장음임을 나타냅니다.

<small>쿠 － 키</small>
**くうき** 공기

<small>후 － 조 쿠</small>
**ふうぞく** 풍속

4 え단 글자 뒤에 오는 え는 앞 글자가 장음임을 나타냅니다.

<small>오 네 － 상 ·</small>
**おねえさん** 누나

한자어에서는 え단 글자 뒤에 い를 써서 장음을 나타냅니다. 이때 い는 장음 표기이므로 앞 글자만 길게 발음하고 い는 발음하지 않습니다.

<small>센 · 세 －</small>
**せんせい** 선생님

<small>에 － 가</small>
**えいが** 영화

5 お단 글자 뒤에 오는 う, お는 앞 글자가 장음임을 나타냅니다.

<small>호 － 세 키</small>
**ほうせき** 보석

<small>토 － 리</small>
**とおり** 길

6 가타카나의 장음은 장음부호 'ー'로 나타냅니다.

<small>코 － 히 －</small>
**コーヒー** 커피

<small>사 － 비 스</small>
**サービス** 서비스

○ **발음** 🎧 MP3_040

발음(撥音)은 일본어의 ん을 가리키는 말입니다. 일본어의 ん은 우리말의 받침과 같은 구실을 하는데, 뒷 글자에 따라 발음이 달라집니다. 우리말의 받침과는 달리 한 박자이므로 발음에 주의해야 합니다.

**1** ㅇ 음으로 ⇒ か행, が행 앞에서

항·케쯔<br>
**はんけつ** 판결

옹·가꾸<br>
**おんがく** 음악

**2** ㄴ 음으로 ⇒ さ행, ざ행, た행, だ행, な행, ら행 앞에서

켄·사<br>
**けんさ** 검사

넨·자<br>
**ねんざ** 염좌

텐·또<br>
**テント** 텐트

넨·다·이<br>
**ねんだい** 연대

콘·니·찌<br>
**こんにち** 오늘(날)

신·라·이<br>
**しんらい** 신뢰

**3** ㅁ 음으로 ⇒ ま행, ば행, ぱ행 앞에서

삼·마<br>
**さんま** 꽁치

심·붕·<br>
**しんぶん** 신문

삼·뽀<br>
**さんぽ** 산책

**4** ㄴ과 ㅇ의 중간음으로 ⇒ あ행, は행, や행, わ행 앞 또는 단어의 가장 끝에서

망·잉·<br>
**まんいん** 만원

홍·야<br>
**ほんや** 서점

뎅·와<br>
**でんわ** 전화

대체로 이와 같이 분류하지만 학자마다 그 구분이 조금씩 다르기도 합니다.

### 김시우 キム・シウ
(25, 남, 한국인)

일본의 한 대학에 유학을 왔다.
지역 모임에서 만난 유리에에게
호감을 가지게 된다.
션 스미스와는 대학 친구.

### 다나카 유리에 たなか ゆりえ
(25, 여, 일본인)

직장인 여성. 지역 모임에서 알게 된 시우와
가깝게 지낸다. 천성이 착하고 친절한 사람.

### 션 스미스 ション・スミス
(25, 남, 미국인)

시우가 일본에 와서 사귄 대학 친구.
스미스 역시 일본으로 유학을 왔다.
시우보다 2년 먼저 도일했기 때문에
언어나 생활 면에서 시우에게 많은 도움을 준다.

# はじめまして。

처음 뵙겠습니다.

동영상 강의 보기

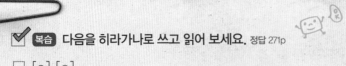학습목표

- 첫 만남의 인사말
- 명사 です (~입니다)
- 명사 ですか (~입니까?)
- 명사 じゃ ありません (~이/가 아닙니다)

☑ 복습 다음을 히라가나로 쓰고 읽어 보세요. 정답 271p

☐ [a] [o]
☐ [nu] [me]
☐ [wa] [ne] [re]
☐ [sa] [ki] [chi]
☐ [ra] [ru] [ro]

## 01

하 지 메 마 시 떼
# はじめまして。
처음 뵙겠습니다

🎧
MP3_01-01

도 – 조　요 로 시 쿠　오 네 가 이 시 마 스
# どうぞ　よろしく　おねがいします。
부디　　　　　잘　　　　　　　부탁합니다

### はじめまして 처음 뵙겠습니다

처음 만난 사람에게 건네는 인사말이에요. 처음 만났을 때 한 번만 사용할 수 있는 말이죠.

### どうぞ　よろしく　おねがいします 부디 잘 부탁합니다

| どうぞ | よろしく | おねがいします |
|---|---|---|
| 부디 | 잘 | 부탁합니다 |

처음 만난 사람끼리 형식적으로 사용하는 인사말이에요. 그렇다고 해서 はじめまして 처럼 반드시 처음 만난 사람에게만 쓸 수 있는 말은 아니고, 뭔가 부탁할 일이 있을 때에도 사용할 수 있답니다.

🔍 「はじめまして。→ 자기 소개 → どうぞ　よろしく　おねがいします。」의 흐름으로 첫 만남의 인사말이 완성됩니다. 꼭 기억하세요!

「どうぞ　よろしく　おねがいします。」를 줄여서 「どうぞ　よろしく。」라고도 해요. '부디 잘'까지 해석하면 안 되겠죠? 「どうぞ　よろしく。」도 '잘 부탁합니다'라는 뜻이라는 것 기억하세요. 많이 쓰는 표현이거든요.

# 02

MP3_01-02

보 쿠 와　키 무　시 우 데 스
## ぼくは キム・シウです。
저 　 는 　 　 김시우 　 　 입니다

---

**ぼく** 나, 저(남성)

ぼくは '나'를 나타내는 1인칭 대명사예요. 주로 남자들이 사용하는 '나'이지요. 이밖에도 '나'를 나타내는 말은 わたし, わたくし, あたし, おれ 등이 있는데, 남녀노소, 장소 상관없이 쓰기에는 わたし가 가장 무난해요.

**~は** ~은/는

~は는 '~은/는'이라는 뜻의 주격 조사예요. 조사로 쓰인 は는 발음에 주의해야 하는데요. [ha]가 아니라 [wa]로 발음합니다. 따라서 ぼくは는 [bokuha]가 아니라 [bokuwa]로 발음합니다. 조사가 아닌 경우에는 원래 발음인 [ha]로 발음하면 됩니다.

**キム・シウ** 김시우(한국 이름)

문자 학습에서 외래어는 가타카나로 쓴다고 했던 것 기억하시나요? キム는 우리나라의 성씨 김(金)을 일본어로 쓴 것이랍니다. 일본 입장에서 한국어는 외래어이므로 가타카나로 썼지요. 성과 이름 사이에 「・」을 넣어 구분하기도 합니다.

**~です** ~입니다

명사 뒤에 です를 붙이면 '~입니다'라는 정중 표현이 돼요. 간단하죠? 일본어는 우리와 어순이 같으니 명사 자리에 새로운 단어를 넣으면 얼마든지 다양한 표현이 가능합니다.

예 わたしは たなかです。 저는 다나카입니다.

---

わたし 가장 기본적인 '나'입니다. 남녀노소 상관없이 두루두루 사용해요.
わたくし 격식을 갖출 때 사용하는 '나(저)'입니다. 일본 사극에 많이 나오지요.
おれ / ぼく 남자들이 사용하는 '나'입니다. 일본 드라마를 볼 기회가 있다면 들어볼 수 있답니다.
あたし 여자들이 애교 부리듯이 사용하는 '나'입니다.

우리나라는 자신을 소개할 때 보통 성씨와 이름을 모두 말하지요. 하지만 일본은 성씨만 말하는 경우가 많습니다. 우리나라에 비해 성씨가 무척 다양하기 때문에 성씨만으로도 누구인지 알 수 있는 경우가 많기 때문이죠. 따라서 위 문장은 「ぼくは キムです。」라고 해도 됩니다.

### 단어정리
たなか 다나카(일본 성씨)

## 03

🎧 MP3_01-03

아 나 따 와    각 · 세 – 데 스 까
# あなたは がくせいですか。
당신    은        학생        입니까?

---

あなたは 부인이 남편을 부를 때도 써요. 우리말로는 '여보' 정도가 되겠네요.

### あなた 당신, 너

あなた는 2인칭 대명사로 '당신, 너'라는 뜻이에요.

### がくせい 학생

がくせい는 발음에 주의하세요. 글자를 보면 '가쿠세이'라고 읽어야 할 것 같은데, 실제 일본인들의 발음은 '각세'에 가까워요. がく를 발음할 때 く의 박자는 유지하되 ku의 u를 들릴 듯 말 듯 발음하고, せい는 장음으로 길게 '세–'라고 합니다.

---

일본어에서는 원래 의문문에 물음표를 붙이지 않아요. ～か로 끝나면 물음표가 없어도 의문문이라고 생각하면 됩니다.

### ～ですか ～입니까?

～ですか는 ～です에 か를 붙인 형태로, '～입니까?'라는 뜻이에요. 질문할 때 쓰는 말이지요. です 뒤의 か는 의문, 질문의 뜻을 나타냅니다.

예 あなたは たなかですか。 당신은 다나카입니까?

## 04

이 - 에 　　와 따시 와 　각·세-
## いいえ、わたしは がくせい
　아니요　　　　　저　　는　　　학생

쟈 　아 리 마 셍·
## じゃ ありません。
이 아닙니다

---

**いいえ** 아니요

질문에 대해 부정으로 대답할 때 사용하는 말이에요. 긍정일 때의 대답은, 다들 아시죠? 네, 바로 はい입니다. 하이!

**～じゃ ありません** ～이/가 아닙니다

명사 뒤에 「～じゃ ありません」이 오면 '～이/가 아닙니다'라는 뜻의 정중한 부정 표현이 됩니다. 일본어는 우리말과 어순이 같다고 한 것 기억하시죠? 단어를 많이 외워서 연습해 보세요. ～じゃ는 ～では와 같은 말이고, ありません은 ないです와 같은 말입니다. 따라서 「～では ありません」「～じゃ ないです」「～では ないです」 등의 표현도 가능합니다. 그리고 では의 は는 조사 は이므로 발음에 주의해야 합니다. [deha]가 아니라 [dewa]로 발음하세요.

> では보다는 じゃ가 좀 더 회화적인 표현이에요.

**의문문 ～ですか에 대답하기**

A　　　**あなたは がくせいですか。** 당신은 학생입니까?

B₁ 긍정　**はい、わたしは がくせいです。** 네. 저는 학생입니다.

B₂ 부정　**いいえ、わたしは がくせいじゃ ありません。** 아니요, 저는 학생이 아닙니다.

## 01 🎧 MP3_01-05

처음 뵙겠습니다. 김시우입니다. 부디 잘 부탁합니다.

<sub>하 지 메 마 시 떼   키 무   시 우 데 스</sub>
**はじめまして。キム・シウです。**

<sub>도 - 조   요 로 시 쿠   오 네 가 이 시 마 스</sub>
**どうぞ よろしく おねがいします。**

<sub>타 나 까</sub>
① **たなか**　　② **すずき** <sub>스 즈 끼</sub>

<sub>나 까 무 라</sub>
③ **なかむら**　　④ **きむら** <sub>키 무 라</sub>

📖 단어정리
☐ **すずき** 스즈키(일본 성씨)
☐ **なかむら** 나카무라(일본 성씨)
☐ **きむら** 기무라 (일본 성씨)

## 02 🎧 MP3_01-06

저는 김시우입니다.

<sub>보 쿠 와   키 무   시 우 데 스</sub>
**ぼくは キム・シウです。**

<sub>와 따 시</sub>
① **わたし**　　① **たなか** <sub>타 나 까</sub>

<sub>아 나 따</sub>
② **あなた**　　② **かいしゃいん** <sub>카 이 샤 인</sub>

<sub>아 나 따</sub>
③ **あなた**　　③ **せんせい** <sub>센 세 -</sub>

<sub>와 따 시</sub>
④ **わたし**　　④ **イ** <sub>이</sub>

📖 단어정리
☐ **かいしゃいん** 회사원
☐ **せんせい** 선생님
☐ **イ** 이(한국 성씨)

## 03 🎧 MP3_01-07

당신은 학생입니까?

아 나 따 와 각 · 세 − 데 스 까
# あなたは がくせいですか。

- ① <small>타 나 까 상 ·</small><br>たなかさん
- ② <small>카 이 샤 인 ·</small><br>かいしゃいん
- ③ <small>센 · 세 −</small><br>せんせい
- ④ <small>이 상 ·</small><br>イさん

📚 단어정리<br>□ ~さん ~씨, ~님

## 04 🎧 MP3_01-08

아니요, 저는 학생이 아닙니다.

이 − 에 와 따 시 와 각 · 세 − 쟈 아 리 마 셍 ·
# いいえ、わたしは がくせいじゃ ありません。

- ① <small>타 나 까</small><br>たなか
- ② <small>카 이 샤 인 ·</small><br>かいしゃいん
- ③ <small>센 · 세 −</small><br>せんせい
- ④ <small>이</small><br>イ

➡ 한국인 시우와 일본인 유리에가 처음 만나 인사를 나누고 있습니다.

**シウ**
하 지 메 마 시 떼　보 쿠 와　키 무 시 우 데 스
はじめまして。ぼくは キム・シウです。

도 − 조　요 로 시 쿠　오 네 가 이 시 마 스
どうぞ よろしく おねがいします。

**ゆりえ**
하 지 메 마 시 떼　와 따 시 와　타 나 까　유 리 에 데 스
はじめまして。わたしは たなか ゆりえです。

코 치 라 꼬 소　도 − 조　요 로 시 쿠
こちらこそ どうぞ よろしく。
　　저야말로

**シウ**
아 나 따 와　각 · 세 − 데 스 까
あなたは がくせいですか。

**ゆりえ**
이 − 에　와 따 시 와　각 · 세 − 쟈　아 리 마 셍 ·
いいえ、わたしは がくせいじゃ ありません。

카 이 샤 인 · 데 스
かいしゃいんです。

**こちらこそ** 저야말로

こちらこそ는 '저야말로'라는 뜻인데, 첫 만남의 상황에서는 상대방의 잘 부탁한다는 말을 듣고 '나 역시 잘 부탁한다'는 뜻을 나타낼 때 씁니다.

A どうぞ よろしく おねがいします。 잘 부탁드립니다.

B こちらこそ。 저야말로(잘 부탁드립니다).

| 시우 | 처음 뵙겠습니다. 저는 김시우입니다. |
|---|---|
| | 부디 잘 부탁합니다. |
| 유리에 | 처음 뵙겠습니다. 저는 다나카 유리에입니다. |
| | 저야말로 잘 부탁합니다. |
| 시우 | 당신은 학생입니까? |
| 유리에 | 아니요, 저는 학생이 아닙니다. |
| | 회사원입니다. |

🔖 단어정리

- ☐ はじめまして 처음 뵙겠습니다
- ☐ ぼく 나, 저〈남성〉
- ☐ ～は ～은/는
- ☐ ～です ～입니다
- ☐ どうぞ 부디
- ☐ よろしく 잘
- ☐ おねがいします 부탁합니다
- ☐ わたし 나, 저
- ☐ こちらこそ 저야말로
- ☐ あなた 너, 당신
- ☐ がくせい 학생
- ☐ ～ですか ～입니까?
- ☐ いいえ 아니요
- ☐ ～じゃ ありません ～이/가 아닙니다
- ☐ かいしゃいん 회사원

はじめまして。

よろしく
おねがいします。

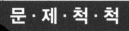 

정답 265p

## 1 다음을 부정문으로 바꾸어 쓰세요.

1  わたしは がくせいです。　→ _____

2  ぼくは かいしゃいんです。 → _____

3  わたしは たなかです。　　→ _____

## 2 다음 질문에 답하세요.

1  あなたは がくせいですか。

→ はい、_____

2  あなたは せんせいですか。

→ いいえ、_____

3  あなたは かいしゃいんですか。

→ いいえ、_____

## 3 다음을 일본어로 바꾸세요.

1  저는 학생이 아닙니다.

→ _____

2  당신은 회사원이 아닙니다.

→ _____

3  처음 뵙겠습니다.

→ _____

## 왁자지껄 일본 이야기

### 일본어의 호칭

일본에서 사람을 부를 때에는 일반적으로 사람의 성(姓) 뒤에 ～さん을 붙여 사용합니다. 우리말로는 '～씨'로 해석되지요. 자신의 이름을 말할 때는 さん을 붙이지 않아요.

선후배 간에 인사를 하고 서로를 부를 때, 후배는 선배에게 ○○せんぱい(○○선배님)라고 하고, 선배는 후배에게 ～くん, ～ちゃん 등을 사용합니다. 후배가 남자면 ～くん, 여자면 ～ちゃん을 사용하는 경우가 많습니다. 성이나 이름만으로 부르기도 합니다.

# 2

# これは なんですか。

## 이것은 무엇입니까?

동영상 강의 보기

📖 **학습목표**

- これ・それ・あれ・どれ (이것・그것・저것・어느 것)
- 명사 の 명사 (~의 …)
- 명사 の (~의)
- 명사 のです (~의 것입니다)

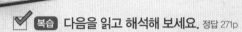

☑ 복습 **다음을 읽고 해석해 보세요.** 정답 271p

□ はじめまして。

□ どうぞ よろしく おねがいします。

□ ぼくは キム・シウです。

□ あなたは がくせいですか。

□ いいえ、わたしは がくせいじゃ ありません。

유리에 씨! 첫눈에 반했습니다! 제 여자 친구가 되어 주세요!

저도 박력 있는 남자가 좋아요. 당신의 여자가 되겠어요!

유리에

시우 씨

그건 뭐예요?

아, 이거요?

제 일본어 책이에요.

아, 일본어 공부를 좀 하셨구나. 어쩐지 잘하시더라.

아뇨, 아직 멀었죠;;

그것도 시우 씨 책인가요?

아뇨, 이건 제 거 아니에요.

제 대학 친구 스미스 거예요. 스미스는 미국에서 왔어요. 어찌나 일본어를 잘하는지, 제가 선생님으로 모시고 있어요. 일본어 잘하는 서양인이라니 신기…

아, 제가 말이 너무 많았죠.

앞으로는 선생님이 한 분 더 생기겠네요. 잘 부탁해요.

저야말로 잘 부탁해요.

## 01

MP3_02-01

코 레 와    난 · 데 스 까
# これは なんですか。
이것  은    무엇    입니까?

---

○ **これ** 이것

これ는 '이것'이라는 뜻으로, 사물을 가리키는 지시대명사예요. 보통 말하는 사람에게 가까이 있고 듣는 사람에게 멀리 있는 사물을 가리킵니다.

例 これは ほんです。 이것은 책입니다.


○ **なん** 무엇

なん은 '무엇'이라는 뜻의 의문사로, なんですか라고 하면 '무엇입니까?'라는 뜻이 됩니다. 의문사가 들어 있으므로 はい, いいえ로는 대답할 수 없겠죠? (무엇이냐고 물었는데 '네, 아니요'로 대답하는 건 이상하니까요.)


📖 단어정리

ほん 책

## 02

소 레 와　니 홍 · 고 노　혼 · 데 스
# それは　にほんごの　ほんです。
그것　은　　　일본어　　(~의)　　책　　입니다

🎧 MP3_**02-02**

---

✏️ 이것으로 물으면 그것으로
답하고, 그것으로 물으면
이것으로 답합니다.

### それ 그것

それ는 '그것'이라는 뜻으로, 사물을 가리키는 지시대명사예요. 보통 말하는 사람보다
듣는 사람에게 가까이 있는 사물을 가리킵니다.

📖 A **これは　ほんですか。** 이것은 책입니까?

　　B **はい、それは　ほんです。** 네, 그것은 책입니다.

---

✏️ 미국의 언어는 「アメリ
カ(미국) + ご(어)」가 아
닌 えいご(영어)라고 해
요.

### にほんご 일본어

にほんご는 「にほん+ご」로 구성된 단어입니다. にほん은 '일본', ご는 '말, 언어'라는
뜻입니다. 합치면? 그렇죠, '일본어'가 되죠. 이처럼 나라 이름 뒤에 ご를 붙이면 그 나
라의 언어를 가리키는 말이 되는 경우가 많아요.

📖 *かんこく* ＋ *ご* → *かんこくご*
　　한국　　말, 언어　　한국어

---

✏️ 조사 ~の는 다양하게 해
석할 수 있고, 어떨 때는
아예 해석하지 않기도 해
요. '일본어 책'처럼요. 그
때그때 문맥에 맞게 해석
하는 센스를 발휘해 주세
요.

### にほんごの　ほん 일본어 책

の는 명사가 명사를 꾸밀 때 사용되는 조사예요. 꾸민다는 건 좀 더 구체적으로 자세하
게 또는 분명하게 만든다는 것인데, 위 문장을 통해 살펴보면, '일본어'라는 명사가 '책'
이라는 명사를 꾸미고 있어요. 책이긴 한데 구체적으로 무슨 책이냐, 일본어 책이다, 라
는 거죠. 이걸 일본어로 말할 때 우리말처럼 '일본어'와 '책'을 그냥 나열하지 않고 の를
넣어 줍니다. 그래서 '일본어 책'은 「にほんごの　ほん」입니다.

📖 *かんこくごの　ほん* 한국어 책

📒 **단어정리**
かんこく 한국
ご 말, 언어
かんこくご 한국어

# 03

아 레 모   시 우 산·노   혼·데 스 까
## あれも シウさんの ほんですか。

저것   도   시우   씨   의   책   입니까?

MP3_02-03

### あれ 저것

あれ는 '저것'이라는 뜻으로, 사물을 가리키는 지시대명사예요. 보통 말하는 사람과 듣는 사람 모두에게서 멀리 떨어져 있는 사물을 가리킵니다. 일본어를 공부하다 보면 これ·それ·あれ와 함께 세트로 묶이는 단어가 있는데, 바로 どれ입니다. 뜻은 '어느 것'이고, 의문사이므로 긍정, 부정의 대답이 필요하지 않아요.

| 이것 | 그것 | 저것 | 어느 것 |
|------|------|------|---------|
| これ | それ | あれ | どれ |

### ～も ～도

～も는 '～도'라는 뜻으로, 같은 종류임을 나타내는 조사예요.

예 あなたは がくせいです。ぼくも がくせいです。

당신은 학생입니다. 나도 학생입니다.

### ～さん ～씨

シウ 뒤에 붙은 さん은 사람의 이름 뒤에 붙어 '존경'이나 '공손'을 나타냅니다. 우리말로는 '～씨'로 해석합니다.

### シウさんの ほん 시우 씨의 책

シウさん(시우 씨)이라는 명사와 ほん이라는 명사 사이에 の가 와서 ほん을 꾸미고 있어요. 책은 책인데 어떤 책이냐, 시우 씨의 책이라는 거죠.

## 04

토 모 다 찌 노　　스 미 스 노 데 스
# ともだちの　スミスのです。
친구　　　　인　　　스미스　　의것　입니다

MP3_**02-04**

---

'친구' 관련하여 일드에서 한 번쯤 들어봤을 법한 단어로는 しんゆう(친한 친구), おさななじみ(소꿉친구)가 있어요.

### ともだち 친구

'친구'는 일본어로 ともだち라고 합니다. 그 외에 ゆうじん이라는 말도 씁니다. 일반적으로 널리 쓰는 말은 ともだち이고, ゆうじん은 뜻 차이가 있다기보다는 격식을 차린 표현이라고 보면 됩니다.

### ともだちの　スミス 친구인 스미스

명사 ともだち와 명사 スミス 사이에 の가 왔네요. スミス는 스미스인데 어떤 스미스이냐, 친구인 스미스라는 거죠. ともだち와 スミス가 동격입니다. 이처럼 조사 の는 '동격'을 나타내기도 하는데, 이때 우리말 해석은 '~인'이 자연스럽겠네요.

### スミスのです 스미스의 것입니다

の가 또 나왔네요. スミスのです의 の는 명사를 포함하는 개념이에요. '~의 것'이라는 뜻이고, 뒤에 です가 붙어 ～のです가 되었으니 '~의 것입니다'로 해석하면 됩니다. 참고로 '~의 것이 아닙니다'는 「～のじゃ　ありません」이라고 합니다.

예 わたしのです。 나의 것입니다.

　　わたしのじゃ　ありません。 나의 것이 아닙니다.

---

📖 단어정리

スミス 스미스(Smith, 영미권 성)

01 🎧 MP3_02-05

이것은 무엇입니까?

코 레 와　난 · 데 스 까
これは **なんですか**。

① ほん
② ノート
③ かばん
④ えいごの　ほん

📖 단어정리
□ ノート 노트
□ かばん 가방
□ えいごの　ほん 영어 책

02 🎧 MP3_02-06

그것은 일본어 책입니다.

소 레 와　니 홍 · 고 노　혼 · 데 스
それは **にほんごの　ほん**です。

① かんこくごの　ほん
② ノート
③ かばん
④ えいごの　ほん

## 03 🎧 MP3_02-07

저것도 시우 씨의 책입니까?

아 레 모　시 우 산 · 노　혼 · 데 스 까
**あれも シウさんの ほんですか。**

① 타 나 까 산
① **たなかさん**

② 아 나 따
② **あなた**

③ 아 나 따
③ **あなた**

④ 타 나 까 산
④ **たなかさん**

① 카 반
① **かばん**

② 카 반
② **かばん**

③ 노 ─ 토
③ **ノート**

④ 니 홍 · 고 노　혼
④ **にほんごの ほん**

## 04 🎧 MP3_02-08

친구인 **스미스**의 것입니다.

토 모 다 찌 노　스 미 스 노 데 스
**ともだちの スミスのです。**

① 스 즈 끼
① **すずき**

② 야 마 다
② **やまだ**

③ 이
③ **イ**

④ 키 무
④ **キム**

📖 단어정리

□ **やまだ** 야마다(일본 성씨)

CHAPTER 2 これは なんですか。 | 71

➡️ 유리에가 시우의 물건에 대해 물어보고 있습니다.

**ゆりえ**  コ レ 와  난 · 데 스 까
これは なんですか。

해석해 보기

**シウ**  소 레 와  와 따 시 노  니 홍 · 고 노  혼 · 데 스
それは わたしの にほんごの ほんです。

**ゆりえ**  아 레 모  시 우 산 · 노  혼 · 데 스 까
あれも シウさんの ほんですか。

**シウ**  이 - 에  아 레 와  와 따 시 노  혼 · 쟈  아 리 마 셍 ·
いいえ、あれは わたしの ほんじゃ ありません。

토 모 다 찌 노  스 미 스 노 데 스
ともだちの スミスのです。

**ゆりえ**  데 와  소 레 모  스 미 스 산 · 노  노 - 토 데 스 까
では、それも スミスさんの ノートですか。
그럼

**シウ**  이 - 에  코 레 와  와 따 시 노 데 스
いいえ、これは わたしのです。

**では** 그럼

では는 '그렇다면, 그러면, 그럼'이라는 뜻의 접속사예요. [deha]가 아니라 [dewa]로 발음합니다. 회화에서는 발음의 편의상 じゃ로 말하기도 합니다.

| 유리에 | 이것은 무엇입니까? |
|---|---|
| 시우 | 그것은 저의 일본어 책입니다. |
| 유리에 | 저것도 시우 씨의 책입니까? |
| 시우 | 아니요, 저것은 저의 책이 아닙니다.<br>친구인 스미스의 것입니다. |
| 유리에 | 그럼 그것도 스미스 씨의 노트입니까? |
| 시우 | 아니요, 이것은 제 것입니다. |

### 단어정리

- ☐ これ 이것
- ☐ なん 무엇
- ☐ それ 그것
- ☐ ～の ～의
- ☐ にほんご 일본어
- ☐ ほん 책
- ☐ あれ 저것
- ☐ ～も ～도
- ☐ ～さん ～씨
- ☐ ともだち 친구
- ☐ ～のです ～의 것입니다
- ☐ では 그럼
- ☐ ノート 노트

それは なんですか。

わたしの にほんごの ほんです。

**1** 다음 질문에 답하세요.

**1** これは　にほんごの　ほんですか。

→ はい、＿＿＿＿＿＿＿＿＿＿＿＿＿＿＿＿＿＿＿＿＿

**2** あれは　たなかさんの　ノートですか。

→ はい、＿＿＿＿＿＿＿＿＿＿＿＿＿＿＿＿＿＿＿＿＿

**2** 다음 질문에 보기와 같이 답하세요.

> 보기 キムさんの　えいごの　ほんですか。
>
> → はい、<u>キムさんのです。</u>
>
> → いいえ、<u>キムさんのじゃ　ありません。</u>

**1** あなたの　ほんですか。

→ はい、＿＿＿＿＿＿＿＿＿＿＿＿＿＿＿＿＿＿＿＿＿

**2** たなかさんの　かばんですか。

→ いいえ、＿＿＿＿＿＿＿＿＿＿＿＿＿＿＿＿＿＿＿

**3** 다음을 일본어로 바꾸세요.

**1** 그것은 친구의 일본어 책입니다.

→ ＿＿＿＿＿＿＿＿＿＿＿＿＿＿＿＿＿＿＿＿＿＿＿

**2** 이것도 나의 것입니다.

→ ＿＿＿＿＿＿＿＿＿＿＿＿＿＿＿＿＿＿＿＿＿＿＿

## 왁자지껄 일본 이야기

### 건널목

일본 드라마나 만화를 보다 보면 ふみきり라는 말을 종종 들을 수 있습니다. 이 ふみきり는 주로 '건널목'으로 해석되는 경우가 많은데요. 우리말에서 '건널목'이라고 하면 철로와 차로가 교차하는 곳을 가리키기도 하고, 횡단보도를 가리키기도 합니다. 하지만 일본에서는 이 두 가지를 구분해서 사용하는데요. 차가 지나다니는 곳의 건널목은 おうだんほどう(横断歩道)라고 하고, 기차가 지나다니는 곳의 건널목은 ふみきり(踏み切り)라고 합니다.

# あそこは どこですか。

저기는 어디입니까?

📖 **학습목표**

- ここ・そこ・あそこ・どこ (여기・거기・저기・어디)
- 명사 でした (~이었습니다)
- 명사 じゃ ありませんでした (~이/가 아니었습니다)

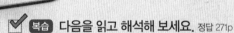

☑ **복습** 다음을 읽고 해석해 보세요. 정답 271p

☐ これは なんですか。

☐ それは にほんごの ほんです。

☐ あれも シウさんの ほんですか。

☐ ともだちの スミスのです。

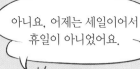

## 01

아 소 꼬 와    도 꼬 데 스 까
# あそこは どこですか。
저기　는　어디　입니까?

🎧
MP3_03-01

아 소 꼬 와    JK 데 파 ー 또 데 스
# あそこは JKデパートです。
저기　는　JK백화점　입니다

### あそこ 저기

あそこ는 '저곳, 저기'라는 뜻으로, 장소를 나타내는 지시대명사예요.

📖 A　あそこは かいしゃですか。 저기는 회사입니까?

　　B　はい、あそこは かいしゃです。 네, 저기는 회사입니다.

### どこですか 어디입니까?

どこ는 '어디'라는 뜻의 의문사로, どこですか라고 하면 '어디입니까?'라는 뜻이 됩니다. 장소를 묻는 표현이에요. どこですか로 물으면 はい, いいえ로 대답할 수 없습니다. あそこ, どこ 외에 장소를 나타내는 표현에는 ここ(여기), そこ(거기)가 있어요. 자주 쓰는 말이니 꼭 알아 두세요.

| 여기 | 거기 | 저기 | 어디 |
|------|------|------|------|
| ここ | そこ | あそこ | どこ |

### デパート 백화점

デパート는 영어 'department store'에서 온 말입니다. 외래어이기 때문에 가타카나로 씁니다. 百貨店(ひゃっかてん)이라는 한자어도 있지만, 회화에서는 デパート를 많이 씁니다.

📓 단어정리
かいしゃ 회사

## 02

데 파 ─ 또 노   야 스 미 와   이 쯔 데 스 까
### デパートの やすみは いつですか。
백화점     의     휴일   은   언제   입니까?

마 이 슈 ─   게 쯔 요 ─ 비 데 스
### まいしゅう げつようびです。
매주       월요일     입니다

🎧 MP3_**03-02**

### いつですか 언제입니까?

いつ는 '언제'라는 뜻의 의문사로, いつですか라고 하면 '언제입니까?'라는 뜻이 됩니다. 때를 묻는 표현이에요.

### まいしゅう 매주

まいしゅう는 '매주'라는 뜻이에요. まいしゅう도 중요하지만, 주 관련 표현에서는 다음 단어들도 중요하니 함께 알아 둡시다.

| 지지난 주 | 지난주 | 이번 주 | 다음 주 | 다다음 주 |
|---|---|---|---|---|
| せんせんしゅう | せんしゅう | こんしゅう | らいしゅう | さらいしゅう |

### げつようび 월요일

げつようび는 '월요일'이라는 뜻이에요. 요일 표현도 일상적으로 많이 쓰니까 꼭 알아 두세요.

| 월요일 | 화요일 | 수요일 | 목요일 |
|---|---|---|---|
| げつようび | かようび | すいようび | もくようび |
| **금요일** | **토요일** | **일요일** | **무슨 요일** |
| きんようび | どようび | にちようび | なんようび |

📚 단어정리
やすみ 휴일

## 03

🎧 MP3_**03-03**

키 노 - 와   야 스 미 데 시 따 까
# きのうは やすみでしたか。

어제 | 는 | 휴일 | 이었습니까?

### きのう 어제

きのう는 '어제'라는 뜻으로, 주로 과거를 나타내는 표현과 함께 쓰입니다.

| 그저께 | 어제 | 오늘 | 내일 | 모레 |
|--------|------|------|------|------|
| おととい | きのう | きょう | あした | あさって |

💡 특히 '어제, 오늘, 내일'을 나타내는 きのう, きょう, あした는 꼭 알아 두세요!

### ～でしたか ～이었습니까?

～でした는 ～です(～입니다)의 과거 표현입니다. ～でしたか(～이었습니까?)는 ～でした에 의문을 나타내는 ～か가 붙은 것이죠. ～でした는 ～だったです와 바꾸어 쓸 수 있습니다.

예 やすみでした = やすみだったです 휴일이었습니다

## 04

**きのうは セールで、**
키 노 ー 와　세 ー 루 데
어제　는　　세일　이어서

🎧 MP3_03-04

**やすみじゃ ありませんでした。**
야 스 미 　 쟈　아 리 마 센 · 데 시 따
휴일　　　　　이 아니었습니다

---

*セールの セー 부분은 장음이므로 길게 발음합니다.*

### セールで 세일이어서

セール는 영어 'sale'을 일본어로 쓴 거예요. 우리말의 '세일'과 발음이 많이 다르니 주의하세요. セール 뒤에 붙은 で는 쓰임이 많은 조사예요. 다양한 상황에 다양한 뜻으로 쓰이기 때문에, 정확한 뜻은 문맥을 통해 파악해야 합니다. 위 문장의 ～で는 원인이나 이유를 나타내는 ～で입니다. '원인, 이유'니까 '～(으)로, ～이어서'라고 해석할 수 있겠네요.

例 きょうは にちようびで やすみです。 오늘은 일요일이어서 휴일입니다.

### ～じゃ ありませんでした ～이/가 아니었습니다

「～じゃ ありません」 기억나시나요? '～이/가 아닙니다'라는 표현이죠. 이것의 과거 표현이 바로 「～じゃ ありませんでした」입니다. 뒤에 ～でした만 붙이면 돼요. ありませんでした는 なかったです로 바꾸어 쓸 수 있어요.

例 がくせいじゃ ありませんでした 학생이 아니었습니다
= がくせいじゃ なかったです

### 📖 명사문 정중 표현 정리

| 현재 긍정 | ～です | ～입니다 |
|---|---|---|
| 현재 부정 | ～じゃ ありません(=じゃ ないです) | ～이/가 아닙니다 |
| 과거 긍정 | ～でした(=だったです) | ～이었습니다 |
| 과거 부정 | ～じゃ ありませんでした(=じゃ なかったです) | ～이/가 아니었습니다 |

## 01  🎧 MP3_03-05

저기는 JK백화점입니다.

<ruby>あ<rt>아</rt></ruby><ruby>そ<rt>소</rt></ruby><ruby>こ<rt>꼬</rt></ruby>は　JKデパートです。
아 소 꼬 와　JK데 파 ー 또 데 스

① ここ　② そこ
코 꼬　소 꼬

③ あそこ　④ ここ
아 소 꼬　코 꼬

① かいしゃ　② ぎんこう
카 이 샤　깅 ·꼬 ー

③ がっこう　④ びょういん
각 ·꼬 ー　뵤 ー인 ·

**단어정리**

□ ぎんこう 은행
□ がっこう 학교
□ びょういん 병원

## 02  🎧 MP3_03-06

백화점의 휴일은 언제입니까?

デパートの　やすみは　いつですか。
데 파 ー 또 노　야 스 미 와　이 쯔 데 스 까

매주 월요일입니다.

まいしゅう　げつようびです。
마 이 슈 ー　게 쯔 요 ー 비 데 스

① ぎんこう
깅 ·꼬 ー

② がっこう
각 ·꼬 ー

③ びょういん
뵤 ー인 ·

④ デパート
데 파 ー 또

① きんようび
킹 ·요 ー비

② どようび
도 요 ー비

③ もくようび
모 꾸 요 ー비

④ かようび
카 요 ー비

## 03 🎧 MP3_03-07

어제는 휴일이었습니까?

<sup>키 노 ─ 와　야 스 미 데 시 따 까</sup>
**きのうは　やすみでしたか。**

<sup>오 또 또 이</sup>
① おととい

<sup>아 나 따</sup>
② あなた

<sup>타 나 까 상 ·</sup>
③ たなかさん

<sup>코 레</sup>
④ これ

<sup>야 스 미</sup>
① やすみ

<sup>각 · 세 ─</sup>
② がくせい

<sup>센 · 세 ─</sup>
③ せんせい

<sup>타 나 까 산 · 노　카 반</sup>
④ たなかさんの　かばん

## 04 🎧 MP3_03-08

어제는 세일이어서 휴일이 아니었습니다.

<sup>키 노 ─ 와　세 ─ 루 데　야 스 미 쟈</sup>
**きのうは　セールで、やすみじゃ**

<sup>아 리 마 센 · 데 시 따</sup>
**ありませんでした。**

<sup>게 쯔 요 ─ 비</sup>
① げつようび

<sup>모 꾸 요 ─ 비</sup>
② もくようび

<sup>스 이 요 ─ 비</sup>
③ すいようび

<sup>토 쿠 베 쯔 세 ─ 루</sup>
④ とくべつセール

<sup>각 · 꼬 ─ 노　야 스 미</sup>
① がっこうの　やすみ

<sup>뵤 ─ 인 · 노　야 스 미</sup>
② びょういんの　やすみ

<sup>깅 · 꼬 ─ 노　야 스 미</sup>
③ ぎんこうの　やすみ

<sup>데 파 ─ 또 노　야 스 미</sup>
④ デパートの　やすみ

📖 단어정리

□ とくべつ 특별

➡️ 시우와 스미스가 백화점에 대해 이야기하고 있습니다.

**シウ** あそこは どこですか。
아 소 꼬 와　도 꼬 데 스 까

🖊️ *해석해 보기*

**スミス** あそこは JKデパートです。
아 소 꼬 와　JK 데 파 ― 또 데 스

**シウ** あ、デパートですか。
아　데 파 ― 또 데 스 까
아

デパートの やすみは いつですか。
데 파 ― 또 노　야 스 미 와　이 쯔 데 스 까

**スミス** デパートの やすみは まいしゅう げつようびです。
데 파 ― 또 노　야 스 미 와　마 이 슈 ―　게 쯔 요 ― 비 데 스

**シウ** そうですか。では、きのうは やすみでしたか。
소 ― 데 스 까　데 와　키 노 ― 와　야 스 미 데 시 따 까
그렇군요

**スミス** いいえ、きのうは セールで、
이 ― 에　키 노 ― 와　세 ― 루 데

やすみじゃ ありませんでした。
야 스 미 쟈　아 리 마 센 · 데 시 따

おまけ! 하나 더!

そうですか ＼　그렇습니까, 그렇군요

そうですかは '그렇습니까, 그렇군요'라는 뜻이에요. か의 억양을 올리면 질문이나 의문을 나타내고, 위 회화문과 같이 ～か의 억양을 내려서 말하면 영탄의 뜻을 나타냅니다. 상대방의 말을 알아들었다는 뜻으로 이해하면 됩니다.

| | |
|---|---|
| **시우** | 저기는 어디 입니까? |
| **스미스** | 저기는 JK백화점 입니다. |
| **시우** | 아, 백화점 입니까? 백화점의 휴일은 언제 입니까? |
| **스미스** | 백화점의 휴일은 매주 월요일 입니다. |
| **시우** | 그렇군요. 그럼 어제는 휴일이었습니까? |
| **스미스** | 아니요, 어제는 세일이어서 휴일이 아니었습니다. |

📖 **단어정리**

- ☐ **あそこ** 저기
- ☐ **どこ** 어디
- ☐ **デパート** 백화점
- ☐ **あ** 아 〈이해, 납득의 감탄사〉
- ☐ **やすみ** 휴일
- ☐ **いつ** 언제
- ☐ **まいしゅう** 매주
- ☐ **げつようび** 월요일
- ☐ **そうですか** 그렇습니까, 그렇군요
- ☐ **きのう** 어제
- ☐ **～でしたか** ～이었습니까?
- ☐ **セール** 세일
- ☐ **～で** ～(으)로, 이어서 〈원인, 이유〉
- ☐ **～じゃ ありませんでした**
  ～이/가 아니었습니다

**1** 다음 질문에 보기와 같이 답하세요.

> 보기 たなかさんは　せんせいでしたか。
>
> → はい、<u>たなかさんは　せんせいでした。</u>
>
> → いいえ、<u>たなかさんは　せんせいじゃ　ありませんでした。</u>

**1** あなたは　かいしゃいんでしたか。

→ はい、_____

**2** きのうは　きんようびでしたか。

→ いいえ、_____

**3** おとといは　どようびでしたか。

→ いいえ、_____

**2** 다음을 일본어로 바꾸세요.

**1** 저기는 백화점입니다.

→ _____

**2** 어제는 휴일이었습니다.

→ _____

**3** 다나카 씨는 선생님이 아니었습니다.

→ _____

## 왁자지껄 일본 이야기

### 도쿄의 전철

　서울과 도쿄의 전철은 비슷하면서도 다른 점이 많습니다. 서울은 환승 여부에 상관없이 전철로 이동한 거리만큼의 요금을 내면 되지요. 하지만 도쿄는 전철을 운영하는 회사가 다르면 요금을 따로 내야 합니다. 기본요금은 JR 기준으로 140엔 정도입니다.

　매표소 근처에 붙은 노선도를 보면 역 이름 아래에 금액이 적혀 있습니다. 지금 있는 역에서 출발하여 각 목적지까지 갔을 때의 요금을 하나하나 보여주고 있기 때문에 그 금액에 맞는 표를 구입하여 전철을 이용하면 됩니다. 만약 노선도를 확인할 시간이 없을 때는 일단 가장 싼 요금의 표를 구입한 후, 목적지에 도착하여 개찰구를 빠져나올 때 개찰구 근처에 놓인 요금 정산기로 초과 요금을 정산하면 됩니다. 일본 여행 시 이용해 보세요.

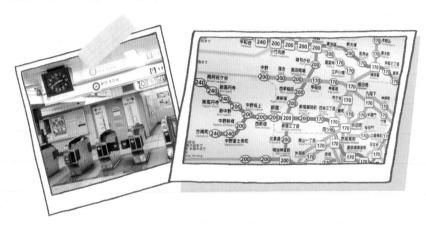

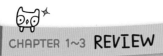

○ **명사문 정중 표현**

| 현재 | 과거 |
|---|---|
| 〜です 〜입니다 | 〜でした 〜이었습니다 |
| 〜ですか 〜입니까? | 〜でしたか 〜이었습니까? |
| 〜じゃ ありません 〜이/가 아닙니다<br>＊じゃ＝では<br>＊ありません＝ないです | 〜じゃ ありませんでした<br>〜이/가 아니었습니다 |

○ **사물 및 장소 표현**

| これ 이것 | それ 그것 | あれ 저것 | どれ 어느것 |
|---|---|---|---|
| ここ 여기 | そこ 거기 | あそこ 저기 | どこ 어디 |

○ **〜は** 〜은/는

○ **〜も** 〜도

○ **〜の** 〜의, 〜에 관한, 〜인 〈명사 수식〉 / 〜의 것 〈소유대명사〉

○ **〜で** 〜(으)로, 〜이어서 〈원인, 이유〉

**1** 다음을 부정문으로 바꾸어 쓰세요.

   **1** わたしは　がくせいです。

      → _____

   **2** きのうは　にちようびでした。

      → _____

   **3** ここは　デパートでした。

      → _____

   **4** これは　わたしの　かばんです。

      → _____

   **5** それは　わたしのです。

      → _____


**2** 다음 질문에 답하세요.

   **1** これは　にほんごの　ほんですか。

      → はい、_____

   **2** あなたは　せんせいでしたか。

      → いいえ、_____

   **3** やすみは　きのうでしたか。

      → いいえ、_____

**4** きのうは デパートの セールでしたか。

　　→ はい、 _____

**5** あそこは かいしゃですか。

　　→ いいえ、 _____

**3** 다음 문장을 알맞게 연결하세요.

| | | |
|---|---|---|
| **1** きのうは デパートの やすみ | • | • です。 |
| **2** いいえ、あしたは がっこうの やすみじゃ | • | • ありませんでした。 |
| **3** いいえ、きのうは がっこうの やすみじゃ | • | • ありません。 |
| **4** きょうは かいしゃの やすみ | • | • でした。 |

**4** 다음 문장을 보고 맞는 것에는 ○, 틀린 것에는 ×로 표시하고 틀린 부분을 찾아 바르게 고치세요.

**1** わたしは せんせいじゃ ありません。(　　　)

**2** きのうは やすみです。(　　　)

**3** ここは デパートです。(　　　)

**4** これは　にほんご　ほんです。(　　　)

**5** きのうは　げつようびじゃ　ありません。(　　　)

## 5 다음을 일본어로 바꾸세요.

**1** 이것은 나의 일본어 책이 아닙니다.

→ _____

**2** 여기는 나의 회사입니다.

→ _____

**3** 어제는 회사의 휴일이었습니다.

→ _____

**4** 백화점은 세일이라서 휴일이 아니었습니다.

→ _____

**5** 가방은 내 것이 아닙니다. 다나카 씨의 것입니다.

→ _____

**6** 당신은 학생입니까? / 네, 저는 학생입니다.

→ _____

**7** 당신의 휴일은 언제입니까? / 일요일입니다.

→ _____

동영상 강의 보기

# やすくて おいしいです。

싸고 맛있습니다.

📖 학습목표

- ■ 시간 표현
- ■ い형용사의 어간 いです (~입니다)
- ■ い형용사의 어간 く ありません (~지 않습니다)
- ■ い형용사의 어간 くて (~고, ~서)

✓ 복습 다음을 읽고 해석해 보세요. 정답 271p

☐ あそこは どこですか。

☐ あそこは JKデパートです。

☐ デパートの やすみは いつですか。

☐ まいしゅう げつようびです。

☐ きのうは やすみでしたか。

☐ きのうは セールで やすみじゃ ありませんでした。

## 01

スーパーは　ごぜん　くじから
스－파－와　고젠·쿠지까라
슈퍼　는　오전　9시　부터

🎧 MP3_04-01

ごご　じゅうじまで です。
고고　쥬－지마데데스
오후　10시　까지　입니다

### ごぜん　くじから　오전 9시부터

ごぜん은 '오전', くじ는 '9시'라는 뜻의 명사입니다. 둘 다 명사이지만 '오전 ○시'라고 표현할 때는 오전과 시간 사이에 の를 넣지 않아요. 따라서 '오전 9시'는 「ごぜん　くじ」라고 합니다. 「ごぜんの　くじ(×)」라고 쓰지 않습니다. 명사 뒤에 오는 ～から는 '～에서부터'라는 뜻으로, 출발이나 시작을 나타내는 조사랍니다.

### ごご　じゅうじまで　오후 10시까지

> '몇 시'는 なんじ라고 해요. '몇 시예요?'라고 물을 때는 なんじですか라고 하면 됩니다.

ごご(오후)는 두 글자 모두 탁음이라는 점에 주의하세요. じゅうじ는 '10시'라는 뜻인데요. 명사 뒤에 오는 ～まで는 '～까지'라는 뜻으로, 도착이나 끝을 나타내는 조사예요. ～から와 ～まで는 함께 외워 두고, 아래에 정리된 '1시~12'시도 꼭 알아 두세요.

例 かんこくから　にほんまで　한국에서 일본까지

げつようびから　きんようびまで　월요일부터 금요일까지

| 1시 | 2시 | 3시 | 4시 | 5시 | 6시 |
|---|---|---|---|---|---|
| いちじ | にじ | さんじ | よじ | ごじ | ろくじ |
| 7시 | 8시 | 9시 | 10시 | 11시 | 12시 |
| しちじ | はちじ | くじ | じゅうじ | じゅういちじ | じゅうにじ |

 단어정리
スーパー 슈퍼, 슈퍼마켓

야 스 쿠 떼　오 이 시 ─ 데 스
# やすくて　おいしいです。
싸고　　　　　　맛있습니다

좀 더 많은 い형용사를 알고 싶다면 핸드북 24p 를 참고하세요.

## い형용사

위 문장의 やすくて와 おいしいです는 い형용사가 사용된 표현입니다. い형용사는 기본형이 〜い로 끝나는 형용사를 말합니다. い형용사의 い는 '어미'인데요. 어미는 다른 말로 바뀌면서 다양한 표현을 만듭니다. 어미가 다른 말로 바뀌는 것을 '활용'이라고 합니다. 이때 활용하지 않는 부분은 '어간'이라고 부릅니다. '어간', '어미', '활용'은 일본어를 공부하는 동안은 계속 나오는 말이니 꼭 알아 두세요. 참고로 위 문장에 사용된 い형용사의 기본형은 やすい(싸다), おいしい(맛있다)입니다.

[예] やすい 싸다　　おいしい 맛있다

## やすくて 싸고

やすい는 '(값이) 싸다'라는 뜻의 い형용사로, やすくて는 어미 い가 くて로 활용된 형태입니다. 이처럼 「い형용사의 어간 + くて」의 형태가 되면 '〜고, 〜서'라는 뜻이 되어 뒤에 또 다른 문장을 연결할 수 있습니다.

[예] やすい 싸다 → やすくて 싸고, 싸서

## おいしいです 맛있습니다

おいしい는 '맛있다'라는 뜻의 い형용사예요. 〜です는 CHAPTER 1에서 명사 뒤에 붙어 '〜입니다'라는 뜻을 나타내던 그 です입니다. い형용사의 기본형에 です를 붙이면 정중한 표현이 된답니다.

[예] おいしい 맛있다 → おいしいです 맛있습니다

# 03

🎧 MP3_04-03

야 사 이 또　니 꾸 모　야 스 이 데 스
## やさいと にくも やすいです。
야채　와　고기　도　쌉니다

---

〈주요 야채〉
오이 きゅうり
감자 じゃがいも
당근 にんじん
양파 たまねぎ
파 ねぎ

## やさい 야채

やさい는 '야채, 채소'를 가리켜요. 우리나라 사람들이 가장 많이 먹는 야채인 '배추'는 일본어로 はくさい라고 합니다. 일본인들이 가장 많이 먹는 야채는 だいこん(무), たまねぎ(양파), キャベツ(양배추) 순이라고 하네요.

## ～と ～와/과

～と는 '~와/과'라는 뜻으로 나열을 나타내는 조사입니다.

예 やさいと にく　야채와 고기

　　がくせいと せんせい　학생과 선생님

〈주요 육류〉
ぎゅうにく 쇠고기
ぶたにく 돼지고기
とりにく 닭고기

## にく 고기

にく는 '고기, 살'이라는 뜻의 명사예요.

# 04

사 까나와 야스꾸 아리마셍
## さかなは やすく ありません。
생선 은 싸지 않습니다

MP3_04-04

〈주요 생선〉
ちりめんじゃこ 멸치
さば 고등어
たちうお 갈치
さけ 연어

## さかな 생선
さかな는 '생선'이라는 뜻의 명사예요.

## やすく ありません 싸지 않습니다
い형용사의 어미 い를 く로 바꾸고 ありません을 붙이면 '~지 않습니다'라는 뜻의 부정 표현이 됩니다. CHAPTER 1에서 「ありません=ないです」라고 했던 것 기억하세요? 여기서도 마찬가지예요. 「~く ありません」은 「~く ないです」로 바꿀 수 있습니다. 그리고 です를 빼고 「~く ない」라고 하면 '~지 않다'라는 뜻의 반말 표현이 돼요.

예 やすい 싸다 → やすく ない 싸지 않다

　　　　　　 → やすく ありません 싸지 않습니다

　　　　　　 ＝ やすく ないです

**독특한 い형용사 いい**

'좋다'라는 뜻의 い형용사 いい는 활용을 하지 않습니다. 활용을 할 때는 같은 뜻의 い형용사 よい의 형태를 빌립니다. 따라서 いい의 정중 표현은 いいです(좋습니다)이고, 부정표현은 「よく ありません」(좋지 않습니다)입니다. 「いく ありません」이 아니라 「よく ありません」이라는 점 꼭 기억하세요. 그리고 연결 표현도 いくて가 아니라 よくて이기 때문에 주의가 필요합니다.

예 てんきが いいです。 날씨가 좋습니다.

단어정리
てんき 날씨
すずしい 시원하다

てんきが よく ありません。 날씨가 좋지 않습니다.

てんきが よくて すずしいです。 날씨가 좋고 시원합니다.

## 01 🎧 MP3_04-05

슈퍼는 오전 9시부터 오후 10시까지입니다.

<ruby>スーパー<rt>스ー파ー</rt></ruby>は <ruby>ごぜん<rt>고젠</rt></ruby> <ruby>くじ<rt>쿠지</rt></ruby>から <ruby>ごご<rt>고고</rt></ruby> <ruby>じゅうじ<rt>쥬ー지</rt></ruby>

<ruby>まで<rt>마데</rt></ruby><ruby>です<rt>데스</rt></ruby>。

① <ruby>ごじ<rt>고 지</rt></ruby>    ② <ruby>よじ<rt>요 지</rt></ruby>

③ <ruby>はちじ<rt>하 찌 지</rt></ruby>    ④ <ruby>さんじ<rt>산 지</rt></ruby>

① <ruby>しちじ<rt>시 찌 지</rt></ruby>

② <ruby>じゅうじ<rt>쥬ー지</rt></ruby>

③ <ruby>じゅうにじ<rt>쥬ー니지</rt></ruby>

④ <ruby>ろくじ<rt>로 꾸 지</rt></ruby>

## 02 🎧 MP3_04-06

싸고 맛있습니다.

<ruby>やすくて<rt>야스꾸떼</rt></ruby> <ruby>おいしいです<rt>오이시ー데스</rt></ruby>。

① <ruby>おいしい<rt>오이시ー</rt></ruby>    ① <ruby>やすい<rt>야스이</rt></ruby>

② <ruby>おおい<rt>오ー이</rt></ruby>    ② <ruby>やすい<rt>야스이</rt></ruby>

③ <ruby>ひろい<rt>히로이</rt></ruby>    ③ <ruby>やすい<rt>야스이</rt></ruby>

④ <ruby>せまい<rt>세마이</rt></ruby>    ④ <ruby>たかい<rt>타까이</rt></ruby>

📖 단어정리

☐ **おおい** 많다
☐ **ひろい** 넓다
☐ **せまい** 좁다
☐ **たかい** 비싸다, 높다

정답 261p

## 03 🎧 MP3_04-07

야채와 고기도 쌉니다.

<ruby>やさいと<rt>야 사 이 또</rt></ruby> <ruby>にくも<rt>니 꾸 모</rt></ruby> <ruby>やすいです<rt>야 스 이 데 스</rt></ruby>。

① <ruby>おいしい<rt>오 이 시 ―</rt></ruby>

② <ruby>たかい<rt>타 까 이</rt></ruby>

③ <ruby>おおい<rt>오 ― 이</rt></ruby>

④ <ruby>すくない<rt>스 꾸 나 이</rt></ruby>

📖 단어정리

□ **すくない** 적다

## 04 🎧 MP3_04-08

생선은 싸지 않습니다.

<ruby>さかなは<rt>사 까 나 와</rt></ruby> <ruby>やすく<rt>야 스 쿠</rt></ruby> <ruby>ありません<rt>아 리 마 셍</rt></ruby>。

① <ruby>おいしい<rt>오 이 시 ―</rt></ruby>

② <ruby>たかい<rt>타 까 이</rt></ruby>

③ <ruby>おおい<rt>오 ― 이</rt></ruby>

④ <ruby>すくない<rt>스 꾸 나 이</rt></ruby>

➡️ 시우와 유리에가 슈퍼에 대해 이야기하고 있습니다.

**シウ** スーパーは なんじから なんじまで ですか。

✏️ 해석해 보기

**ゆりえ** スーパーは ごぜん くじから

ごご じゅうじまで です。

**シウ** そうですか。スーパーの くだものは どうですか。
어떻습니까?

**ゆりえ** やすくて おいしいです。やさいと にくも

やすいです。

**シウ** さかなも やすいですか。

**ゆりえ** いいえ、さかなは やすく ありません。

おまけ! 하나 더!

**どうですか** 어떻습니까?

どうですか는 '어떻습니까?'라는 뜻으로, 상대방의 의견이나 의향을 물을 때 사용하는 표현입니다.

| 시우 | 슈퍼는 몇 시부터 몇 시까지 입니까? |
|---|---|
| 유리에 | 슈퍼는 오전 9시부터 오후 10시까지 입니다. |
| 시우 | 그렇군요. 슈퍼의 과일은 어떻습니까? |
| 유리에 | 싸고 맛있습니다. 야채와 고기도 쌉니다. |
| 시우 | 생선도 쌉니까? |
| 유리에 | 아니요, 생선은 싸지 않습니다. |

### 단어정리

- ☐ **スーパー** 슈퍼
- ☐ **なんじ** 몇 시
- ☐ **〜から** 〜부터
- ☐ **〜まで** 〜까지
- ☐ **ごぜん** 오전
- ☐ **くじ** 9시
- ☐ **ごご** 오후
- ☐ **じゅうじ** 10시
- ☐ **くだもの** 과일
- ☐ **どうですか** 어떻습니까?
- ☐ **やすい** 싸다
- ☐ **〜くて** 〜고, 〜서
- ☐ **おいしい** 맛있다
- ☐ **やさい** 야채
- ☐ **〜と** 〜와/과
- ☐ **にく** 고기
- ☐ **さかな** 생선
- ☐ **〜く ありません** 〜지 않습니다

スーパーの くだものは
どうですか。

やすくて
おいしいです。

**1** 다음 질문에 보기와 같이 답하세요.

> 보기 がっこうは なんじから なんじまでですか。(8じ〜5じ)
>
> → がっこうは はちじから ごじまでです。

1 かいしゃは なんじから なんじまでですか。(9じ〜6じ)

→ _____

2 デパートは なんじから なんじまでですか。(10じ〜7じ)

→ _____


**2** 다음 질문에 답하세요.

1 さかなは やすいですか。

→ はい、_____

2 くだものは おいしいですか。

→ いいえ、_____


**3** 다음을 일본어로 바꾸세요.

1 과일은 싸고 맛있습니다.

→ _____

2 생선은 싸지 않습니다.

→ _____

## 왁자지껄 일본 이야기

### 유통 기한

요즘에는 우리나라에서도 일본의 다양한 상품들을 구입할 수 있는데요. 음식물을 살 때는 유통 기한을 따져 봐야겠죠. 우리의 유통 기한과 비슷한 개념으로 일본에서는 しょうみきげん(賞味期限, 상미기한)과 しょうひきげん(消費期限, 소비기한)이 있습니다. しょうみきげん은 맛있게 먹을 수 있는 기한을 말하는 것으로, 그 기한이 지났다고 해서 먹을 수 없는 것은 아닙니다. しょうひきげん은 소비할 수 있는 기한을 말하는 것으로 대체로 이 기한이 지나면 부패나 품질저하로 인한 안전성 문제가 발생할 수 있다고 생각하면 됩니다.

# しんせんで おいしいです。

신선하고 맛있습니다.

📖 학습목표

- ■ 숫자
- ■ 개수
- ■ な형용사의 어간 です (〜입니다)
- ■ な형용사의 어간 じゃ ありません (〜지 않습니다)
- ■ な형용사의 어간 で (〜고, 〜서)

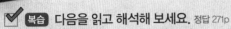

☑ 복습  다음을 읽고 해석해 보세요. 정답 271p

□ スーパは　ごぜん　くじから
　ごご　じゅうじまでです。

□ やすくて　おいしいです。

□ やさいと　にくも　やすいです。

□ さかなは　やすく　ありません。

## 01

### ひとつ よんひゃくえん、
하나(에)      400      엔

🎧 MP3_**05-01**

### みっつで せんえんです。
세 개   해서   천   엔   입니다

---

4, 7, 9는 읽는 법이 두 가지인데, 특별한 몇몇 경우를 제외하면 よん, なな, きゅう를 더 자주 쓴다는 점 알아 두세요. 1에서 10까지는 숫자 읽는 법과 개수 세는 법이 다르지만, 11부터는 똑같습니다. 숫자 읽는 법으로 표현하면 돼요. 숫자 '11'과 '열하나'는 じゅういち.

### ひとつ 하나

ひとつ는 개수를 세는 말로, '하나'라는 뜻이에요. '하나'가 나왔으니 '열'까지 알아봐야겠죠?

| ひとつ 하나 | ふたつ 둘 | みっつ 셋 | よっつ 넷 | いつつ 다섯 |
|---|---|---|---|---|
| むっつ 여섯 | ななつ 일곱 | やっつ 여덟 | ここのつ 아홉 | とお 열 |

숫자도 함께 알아봅시다. 우선, 기본은 1~10.

| いち 1 | に 2 | さん 3 | し / よん 4 | ご 5 |
|---|---|---|---|---|
| ろく 6 | しち / なな 7 | はち 8 | きゅう / く 9 | じゅう 10 |

---

백 단위 숫자읽기
100 ひゃく
200 にひゃく
300 さんびゃく
400 よんひゃく
500 ごひゃく
600 ろっぴゃく
700 ななひゃく
800 はっぴゃく
900 きゅうひゃく

### よんひゃくえん 400엔

よん은 숫자 '4', ひゃく는 숫자 '100', えん은 일본의 화폐 단위 '엔'입니다. 4는 し라고도 읽지만 400은 よんひゃく로만 읽습니다. 1,000은 せん, 10,000은 いちまん이라고 읽어요. 10,000은 꼭 いち를 붙여 いちまん으로 읽어야 합니다.

### みっつで せんえん 세 개 해서 천 엔

'한 개에 얼마'라고 말할 때는 「ひとつ+가격」으로 말하면 되지만, 두 개부터는 で를 붙여서 말해요. 「みっつで せんえん」(세 개 해서 천 엔)처럼 말이죠. 여기에 사용된 で는 수량, 범위를 나타내는데, '~에, ~해서'로 해석합니다. せんえん의 せん은 숫자 1,000입니다.

## 02

コ ノ　リ ン ゴ ワ
### この りんごは
이　　　　사과　　　는

MP3_05-02

シ ン・セ ン・デ　オ イ シ ー デ ス
### しんせんで おいしいです。
신선하고　　　　　　　맛있습니다

---

### この りんご　이 사과

この는 '이'라는 뜻으로 뒤에 오는 명사를 수식합니다. 따라서「この りんご」라고 하면 '이 사과'라는 뜻이 됩니다.

| 이 | 그 | 저 | 어느 |
|:---:|:---:|:---:|:---:|
| この | その | あの | どの |

---

좀 더 많은 な형용사를 알고 싶다면 핸드북 27p를 참고하세요.

### な형용사

위 문장의 しんせんで는 な형용사가 사용된 표현입니다. な형용사는 일본어의 형용사 중 하나입니다. な형용사는 기본형이 だ로 끝납니다. 어미는 だ이고, 그 어미를 활용하여 다양한 표현을 만들 수 있습니다. 참고로 위 문장에 사용된 な형용사의 기본형은 しんせんだ(신선하다)입니다.

예 しんせんだ　신선하다

　　 ゆうめいだ　유명하다

---

### しんせんで　신선하고, 신선해서

しんせんで는 な형용사 しんせんだ(신선하다)를 활용한 모습이에요. 어미 だ가 で로 바뀌면 '~고, ~서'라는 뜻이 되어 뒤에 또 다른 문장을 연결할 수 있습니다.

예 しんせんだ　신선하다　→　しんせんで　신선하고

　　 ゆうめいだ　유명하다　→　ゆうめいで　유명하고

## 03

나 시 와 스 끼 쟈 아 리 마 셍·
# なしは すきじゃ ありません。
배 는 좋아하지 않습니다

🎧 MP3_05-03

---

### すきじゃ ありません 좋아하지 않습니다

「すきじゃ ありません」의 기본형은 すきだ입니다. すきだ는 '좋아하다'라는 뜻의 な형용사입니다. な형용사의 어미 だ를 「じゃ ありません」으로 바꾸면 '~지 않습니다'라는 뜻의 부정 표현이 됩니다. 어디서 본 듯한 기분이 들지 않나요? 네, 맞아요! 명사 뒤에 「じゃ ありません」이 붙으면 '~이/가 아닙니다'라는 뜻이 된다는 것, CHAPTER 1에서 학습했습니다. 명사는 명사 뒤에 바로 「じゃ ありません」을 붙이면 되지만, な형용사는 어미 だ를 떼고 「じゃ ありません」을 붙입니다. 그리고 な형용사 뒤에 붙는 「~じゃ ありません」역시 「~じゃ ないです」로 쓸 수 있습니다. じゃ를 では로 바꿀 수 있다는 것도 기억하세요.

예 **すきだ** 좋아하다 → **すきじゃ ありません** 좋아하지 않습니다

= すきじゃ ないです

= すきでは ありません

= すきでは ないです

#### 🦶 な형용사 표현 정리

| 기본형 | すきだ | 좋아하다 |
|---|---|---|
| 현재 부정 | すきじゃ ない | 좋아하지 않다 |
| 현재 긍정 정중 | すきです | 좋아합니다 |
| 현재 부정 정중 | すきじゃ ありません(=すきじゃ ないです) | 좋아하지 않습니다 |
| 연결 표현 | すきで | 좋아하고, 좋아해서 |

 단어정리
なし 배

## 04

링 · 고  다 께 가  스 끼 데 스
# りんご だけが すきです。
사과 　　　 만 　　　 을 좋아합니다

🎧 MP3_05-04

### 〜だけ ~만

だけ는 그것 '만'의 의미입니다. りんごだけ라고 하면, '사과만(다른 것은 아니다)'이라는 의미가 담겨 있어요.

### 〜が すきだ ~을/를 좋아하다

すきだ는 '좋아하다'라는 뜻의 な형용사예요. すきだ의 목적어(좋아하는 대상)에 대해서는 조사 が(~이/가)를 붙입니다. 우리말에서는 '~을/를 좋아하다'라고 하기 때문에 일본어로 말할 때도 '~을/를'이라는 뜻의 조사 を를 사용하여「~を すきだ」라고 하기 쉬운데요. すきだ는 목적어에 대해 조사 が를 사용하므로「~が すきだ」라고 해야 합니다. すきだ 외에도 목적격 조사로 を가 아닌 が를 취하는 주요 な형용사에 きらいだ(싫어하다), じょうずだ(잘하다, 능숙하다), へただ(못하다, 서투르다) 등이 있습니다.

🔲 **あなたが すきだ。** 당신을 좋아한다. 　　　 **むしが きらいだ。** 벌레를 싫어한다.

　　 **にほんごが じょうずだ。** 일본어를 잘한다. 　 **うたが へただ。** 노래를 못한다.

### すきです 좋아합니다

すきです의 기본형은 すきだ(좋아하다)입니다. 어미 だ를 です로 바꾸면 すきです(좋아합니다)와 같이 정중한 표현이 됩니다. 명사 뒤에 です를 붙이면 정중한 표현이 되는 것과 비슷하죠?

🔲 **すきだ** 좋아하다 → **すきです** 좋아합니다

---

🌸 조사 が는 주로 '~이/가'라는 뜻으로 사용되는 경우가 많습니다.
ここが がっこうです.
여기가 학교입니다.

📖 **단어정리**
むし 벌레
うた 노래

## 01 🎧 MP3_05-05

한 개에 400엔, 세 개 해서 1,000엔입니다.

<sup>히 또 쯔</sup> <sup>용 · 햐 꾸 엔 ·</sup> <sup>밋 · 쯔 데</sup> <sup>셍 · 엔 · 데 스</sup>
**ひとつ よんひゃくえん、みっつで せんえんです。**

① <sup>삼 · 뱌 · 꾸</sup> さんびゃく　　① <sup>롭 · 빠 · 꾸</sup> ろっぴゃく

② <sup>햐 · 꾸</sup> ひゃく　　② <sup>니 햐 꾸</sup> にひゃく

③ <sup>용 · 햐 · 꾸</sup> よんひゃく　　③ <sup>합 · 빠 · 꾸</sup> はっぴゃく

④ <sup>고 햐 꾸</sup> ごひゃく　　④ <sup>셍</sup> せん

## 02 🎧 MP3_05-06

이 사과는 신선하고 맛있습니다.

<sup>코 노</sup> <sup>링 · 고 와</sup> <sup>신 · 셍 · 데</sup> <sup>오 이 시 ― 데 스</sup>
**この りんごは しんせんで おいしいです。**

① <sup>코 꼬</sup> ここ　　① <sup>신 · 셍 · 다</sup> しんせんだ　　① <sup>야 스 이</sup> やすい

② <sup>코 꼬</sup> ここ　　② <sup>키 레 ― 다</sup> きれいだ　　② <sup>오 이 시 ―</sup> おいしい

③ <sup>헤 야</sup> へや　　③ <sup>시 즈 까 다</sup> しずかだ　　③ <sup>야 스 이</sup> やすい

④ <sup>타 나 까 상</sup> たなかさん　　④ <sup>한 · 사 무 다</sup> ハンサムだ　　④ <sup>오 모 시 로 이</sup> おもしろい

📖 단어정리

□ **きれいだ** 깨끗하다, 예쁘다
□ **へや** 방
□ **しずかだ** 조용하다
□ **ハンサムだ** 핸섬하다
□ **おもしろい** 재미있다

## 03 🎧 MP3_05-07

배는 좋아하지 않습니다.

나 시 와 　 스 끼 쟈 　 아 리 마 셍 ·
**なしは　すきじゃ　ありません。**

① <sup>링 고</sup>りんご　　　① <sup>키 라 이 다</sup>きらいだ

② <sup>에 - 고</sup>えいご　　　② <sup>죠 - 즈 다</sup>じょうずだ

③ <sup>니 홍 고</sup>にほんご　　　③ <sup>헤 따 다</sup>へただ

④ <sup>나 시</sup>なし　　　④ <sup>신 · 센 · 다</sup>しんせんだ

## 04 🎧 MP3_05-08

사과만을 좋아합니다.

링 · 고 다 께 가 　 스 끼 데 스
**りんごだけが　すきです。**

① <sup>나 시</sup>なし

② <sup>니 홍 고</sup>にほんご

③ <sup>코 레</sup>これ

④ <sup>아 나 따</sup>あなた

➡️ 시우와 유리에가 슈퍼에서 과일을 고르고 있습니다.

**シウ**
링 · 고 와　이 꾸 라 데 스 까
りんごは　いくらですか。
✏️해석해 보기
얼마입니까?

**てんいん**
히 또 쯔　용 · 햐 꾸 엔 ·　밋 · 쯔 데
ひとつ　よんひゃくえん、みっつで

셍 · 엔 · 데 스
せんえんです。

**ゆりえ**
오 이 시 ─ 데 스 까
おいしいですか。

**てんいん**
코 노　링 · 고 와　신 · 셍 · 데　오 이 시 ─ 데 스
この　りんごは　しんせんで　おいしいです。

코 노　나 시 모　오 이 시 ─ 데 스
この　なしも　おいしいです。

**シウ**
나 시 와　스 끼 쟈　아 리 마 셍 ·
なしは　すきじゃ　ありません。

링 · 고 다 께 가　스 끼 데 스
りんごだけが　すきです。

おまけ! 하나 더!

**いくらですか** 얼마입니까?

いくら는 '얼마'라는 뜻으로, いくらですか라고 하면 '얼마입니까?'라는 뜻의 가격을 묻는 표현이 됩니다.

| 시우 | 사과는 얼마입니까? |
|---|---|
| 점원 | 한 개에 400엔, 세 개에 1,000엔입니다. |
| 유리에 | 맛있습니까? |
| 점원 | 이 사과는 신선하고 맛있습니다.<br>이 배도 맛있습니다. |
| 시우 | 배는 좋아하지 않습니다. 사과만을 좋아합니다. |

📖 단어정리

- ☐ **りんご** 사과
- ☐ **いくらですか** 얼마입니까?
- ☐ **てんいん** 점원
- ☐ **ひとつ** 하나
- ☐ **よんひゃく** 400
- ☐ **えん** 엔 〈일본의 화폐 단위〉
- ☐ **みっつ** 셋
- ☐ **〜で** 〜에, 〜해서 〈범위, 수량, 한정〉
- ☐ **せん** 1,000
- ☐ **この** 이
- ☐ **しんせんだ** 신선하다
- ☐ **〜で** 〜고, 〜서
- ☐ **なし** 배
- ☐ **すきだ** 좋아하다
- ☐ **〜だけ** 〜만

おいしいですか。

しんせんで
おいしいです。

**1** 다음 질문에 보기와 같이 답하세요.

> 보기 りんごは いくらですか。 (400えん)
>
> → りんごは よんひゃくえんです。

**1** なしは いくらですか。 (600えん)

→ _____

**2** さかなは いくらですか。 (300えん)

→ _____

**2** 다음 질문에 답하세요.

**1** あなたは りんごが すきですか。

→ はい、_____

→ いいえ、_____

**2** やさいは しんせんですか。

→ はい、_____

→ いいえ、_____

**3** 다음을 일본어로 바꾸세요.

**1** 사과를 좋아합니다.

→ _____

**2** 배는 좋아하지 않습니다.

→ _____

## 러키 백의 원조, 후쿠부쿠로

요즘 우리나라의 새로운 세밑 풍경에 '러키 백'이 있지요. 열어 보기 전에는 안에 무엇이 들어 있는지 알 수 없는 러키 백은, 사실 일본이 원조예요. 일본에서는 이를 후쿠부쿠로(ふくぶくろ)라고 하는데요. ふく는 '복', ぶくろ는 '주머니'라는 뜻이에요. 우리말로 하면 '복주머니'가 되겠네요.

일본에서는 새해를 맞아 후쿠부쿠로를 파는 상점이 많습니다. 보통 2천 엔에서 만 엔 정도 하는데, 이 시기에는 사람들이 후쿠부쿠로를 사기 위해 줄을 서는 진풍경이 펼쳐지기도 합니다.

CHAPTER
6

동영상 강의 보기

# きれいな
# スカートですね。

예쁜 스커트네요.

 **학습목표**

- い형용사의 어간 **い** 명사 (~한 …)
- な형용사의 어간 **な** 명사 (~한 …)
- 「명사 **が ほしい**」(~을/를 갖고 싶다)

✓ 복습 다음을 읽고 해석해 보세요. 정답 271p

☐ ひとつ よんひゃくえん、みっつで せんえんです。

☐ この りんごは しんせんで おいしいです。

☐ なしは すきじゃ ありません。

☐ りんごだけが すきです。

## 01

MP3_06-01

키 레 – 나    스 까 – 또 데 스 네
# きれいな スカートですね。
예쁜            스커트        네요

### きれいな 예쁜

きれいな는 な형용사 きれいだ(예쁘다)의 명사수식형이에요. 어미 だ가 な로 활용하는 거죠. きれいだ가 뒤에 오는 スカート(스커트)라는 명사를 꾸밀 때는 きれいな의 형태가 됩니다. きれいだ는 일본인들이 자주 쓰는 말이니 꼭 알아두세요. 그리고 きれいだ는 '예쁘다, 깨끗하다'라는 두 가지 뜻을 가지고 있는데, 그때그때 문맥에 맞게 해석하면 됩니다.

예 きれいだ 예쁘다 + スカート 스커트 → きれいな スカート 예쁜 스커트

きれいだ 깨끗하다 + へや 방 → きれいな へや 깨끗한 방

### スカート 스커트

スカート는 영어 'skirt'에서 온 말이기 때문에 가타카나로 씁니다. カー를 장음으로 길게 발음한다는 것에 유의하세요.

### ～ですね ～(이)네요, (이)군요

～ですね는 '～(이)네요, ～(이)군요'라는 뜻으로, です에 ね가 붙은 형태예요. 서술어 뒤에 ね를 붙이면 상대방 이야기에 수긍하는 표현이 됩니다.

## 02

호 시 - 데 스 가 　 타 까 이 데 스 요
# ほしいですが、たかいですよ。
갖고 싶지만 　　　　　 비싸요

MP3_06-02

---

### ほしい 갖고 싶다

ほしい는 '갖고 싶다, 바라다, 원하다'라는 뜻의 い형용사예요.

### ～ですが ～입니다만, ~이지만

～です(~입니다) 뒤에 が가 붙어 '～입니다만, ~이지만'이라는 뜻을 나타내요.

### たかいですよ 비싸요

'비싸다'라는 뜻의 い형용사인 たかい에 です를 붙여 정중한 표현이 되었어요. ～です(~입니다) 뒤에 よ를 붙이면 더 회화체적인 표현이 됩니다

## 03

MP3_06-03

카 와 이 이 — 스 까 — 또 데 스 가 하 데 데 스
# かわいい スカートですが、はでです。

귀여운      스커트    입니다만      화려합니다

### かわいい   귀여운

かわいい는 '귀엽다'라는 뜻의 い형용사입니다. い형용사는 뒤에 오는 명사를 수식할 때 어미 변화가 없습니다. 따라서 かわいい는 기본형 그대로 쓰고 해석만 '귀엽다'에서 '귀여운'으로 바꾸면 됩니다.

例 かわいい 귀엽다 → かわいい スカート 귀여운 스커트

### はでです   화려합니다

'화려하다'라는 뜻의 な형용사 はでだ의 정중 표현입니다. 어미 だ를 です로 바꾼 것이죠.

例 この スカートは はでです。 이 스커트는 화려합니다.

단어정리
はでだ 화려하다

# 04

스꼬시 지미나 스까ー또가 호시ー데스

## すこし じみな スカートが ほしいです。

조금 수수한 스커트 를 갖고 싶습니다

### すこし 조금

양을 나타내는 부사로, '조금, 약간'이라는 뜻입니다.

### じみな 수수한

じみだ(수수하다)는 な형용사예요. 뒤에 スカート(스커트)라는 명사가 오므로 어미 だ를 な로 바꾸고 '수수한'으로 해석하면 돼요. な형용사 뒤에 명사가 오면 な형용사의 어미 だ가 な로 바뀐다는 건 앞에서 이미 배웠으니 어렵지 않을 거예요.

### ～が ほしいです ～을/를 갖고 싶습니다

ほしい는 '갖고 싶다'라는 뜻의 い형용사예요. 우리말에서는 '～을/를 갖고 싶다'라고 하기 때문에 ほしい 앞에 조사 を를 쓰기 쉬운데요. ほしい는「～を ほしい」가 아니라「～が ほしい」라고 한답니다. ほしい는 い형용사이므로 뒤에 です가 붙으면 '갖고 싶습니다'라는 정중한 표현이 됩니다.

예 きれいな かばんを ほしいです。(×)

きれいな かばんが ほしいです。(○) 예쁜 가방을 갖고 싶습니다.

## 01 🎧 MP3_06-05

예쁜 스커트네요.

<sub>키 레 ― 나 스 까 ― 또 데 스 네</sub>
**きれいな** スカートですね。

① <sub>지 미 다</sub> じみだ

② <sub>하 데 다</sub> はでだ

③ <sub>스 테 끼 다</sub> すてきだ

④ <sub>후 벤 · 다</sub> ふべんだ

📚 단어정리
- [ ] **すてきだ** 멋지다
- [ ] **ふべんだ** 불편하다

## 02 🎧 MP3_06-06

갖고 싶지만, 비싸요.

<sub>호 시 ― 데 스 가 타 까 이 데 스 요</sub>
**ほしいですが、たかいですよ。**

① <sub>오 이 시 ―</sub> おいしい

② <sub>호 시 ―</sub> ほしい

③ <sub>야 스 이</sub> やすい

④ <sub>세 마 이</sub> せまい

① <sub>타 까 이</sub> たかい

② <sub>하 데 다</sub> はでだ

③ <sub>마 즈 이</sub> まずい

④ <sub>키 레 ― 다</sub> きれいだ

📚 단어정리
- [ ] **まずい** 맛없다

## 03 🎧 MP3_**06-07**

귀여운 스커트입니다만, 화려합니다.

<sup>카 와 이 -</sup> <sup>스 까 - 또 데 스 가</sup> <sup>하 데 데 스</sup>
**かわいい スカート**ですが、**はで**です。

| <sup>오 이 시 -</sup><br>① おいしい | <sup>링 · 고</sup><br>① りんご | <sup>타 까 이</sup><br>① たかい |
|---|---|---|
| <sup>신 · 센 · 다</sup><br>② しんせんだ | <sup>나 시</sup><br>② なし | <sup>타 까 이</sup><br>② たかい |
| <sup>타 까 이</sup><br>③ たかい | <sup>스 까 - 또</sup><br>③ スカート | <sup>호 시 -</sup><br>③ ほしい |
| <sup>키 레 - 다</sup><br>④ きれいだ | <sup>스 까 - 또</sup><br>④ スカート | <sup>하 데 다</sup><br>④ はでだ |

## 04 🎧 MP3_**06-08**

조금 수수한 스커트를 갖고 싶습니다.

<sup>스 꼬 시</sup> <sup>지 미 나</sup> <sup>스 까 - 또 가</sup> <sup>호 시 - 데 스</sup>
すこし **じみな スカート**が ほしいです。

| <sup>하 데 다</sup><br>① はでだ | <sup>카 방 ·</sup><br>① かばん |
|---|---|
| <sup>신 · 센 쯔 다</sup><br>② しんせつだ | <sup>토 모 다 찌</sup><br>② ともだち |
| <sup>벤 · 리 다</sup><br>③ べんりだ | <sup>쿠 루 마</sup><br>③ くるま |
| <sup>키 레 - 다</sup><br>④ きれいだ | <sup>헤 야</sup><br>④ へや |

📖 **단어정리**

☐ **しんせつだ** 친절하다

☐ **べんりだ** 편리하다

☐ **くるま** 자동차

➡ 시우와 유리에가 쇼핑을 하고 있습니다.

**シウ**　これ、どうですか。
코레　도ー데스까

해석해 보기

**ゆりえ**　ええ、きれいな スカートですね。
네　　에ー　키레ー나　스까ー또데스네

ほしいですが、たかいですよ。
호시ー데스가　타까이데스요

**シウ**　では、これは どうですか。
데와　코레와　도ー데스까

かわいくて そんなに たかく ありません。
카와이쿠떼　손·나니　타까꾸　아리마셍·
　　　　그렇게

**ゆりえ**　かわいい スカートですが、はでです。
카와이ー　스까ー또데스가　하데데스

すこし じみな スカートが ほしいです。
스꼬시　지미나　스까ー또가　호시ー데스

おまけ! 하나 더!

**ええ**　네(긍정의 의미)

'네'라는 뜻으로, はい보다 가벼운 느낌의 말입니다.

**そんなに**　그렇게

そんなに는 '그렇게'라는 뜻으로, 뒤에 서술어가 옵니다.

| | |
|---|---|
| 시우 | 이거, 어떻습니까? |
| 유리에 | 네, 예쁜 스커트네요.<br>갖고 싶지만, 비싸요. |
| 시우 | 그럼 이것은 어떻습니까?<br>귀엽고 그렇게 비싸지 않습니다. |
| 유리에 | 귀여운 스커트 입니다만, 화려합니다.<br>조금 수수한 스커트를 갖고 싶습니다. |

### 🔖 단어정리

- ☐ **ええ** 네 〈긍정의 의미〉
- ☐ **きれいだ** 예쁘다, 깨끗하다
- ☐ **スカート** 스커트
- ☐ **〜ですね** 〜(이)군요, 〜(이)네요
- ☐ **ほしい** 갖고 싶다
- ☐ **〜ですが** 〜입니다만, 〜이지만
- ☐ **たかい** 비싸다
- ☐ **〜ですよ** 〜이에요
- ☐ **かわいい** 귀엽다
- ☐ **そんなに** 그렇게
- ☐ **はでだ** 화려하다
- ☐ **すこし** 조금
- ☐ **じみだ** 수수하다
- ☐ **〜が ほしい** 〜을/를 갖고 싶다

# 문·제·척·척

**1** 다음을 보기와 같이 바꾸세요.

> **[보기]** かばんは きれいです。 → きれいな かばんです。
>
> スカートは かわいいです。 → かわいい スカートです。

**1** くだものは しんせんです。 → _____

**2** やさいは やすいです。 → _____

**3** りんごは おいしいです。 → _____

**2** 다음 질문에 보기와 같이 답하세요.

> **[보기]** ひろい へやが ほしいですか。
>
> → はい、ひろい へやが ほしいです。
>
> → いいえ、ひろい へやは ほしく ありません。

**1** おいしい りんごが ほしいですか。

→ はい、_____

**2** はでな スカートが ほしいですか。

→ いいえ、_____

**3** あなたは ともだちが ほしいですか。

→ いいえ、_____

왁자지껄 일본 이야기

## 매일 메뉴가 바뀌는 정식

'가정식 백반'이라고 하여 매일 다른 반찬을 내는 음식 메뉴가 있지요. 조금 다르지만 일본에도 비슷한 음식 메뉴가 있습니다. 우리처럼 반찬이 바뀌는 것이 아니라, 매일 매일 주 메뉴가 바뀌는데요. 이를 '히가와리 테쇼쿠(ひがわりていしょく)'라고 합니다. '날마다 바뀌는 정식'이라는 뜻이에요.

## CHAPTER 7

동영상 강의 보기

# かんたんじゃ ありませんでした。

간단하지 않았습니다.

## 📖 학습목표

- い형용사의 어간 **かったです** (~었습니다)
- い형용사의 어간 **く ありませんでした** (~지 않았습니다)
- な형용사의 어간 **でした** (~었습니다)
- 형용사의 어간 **じゃ ありませんでした** (~지 않았습니다)

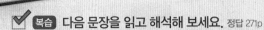

✅ 복습 다음 문장을 읽고 해석해 보세요. 정답 271p

☐ きれいな スカートですね。

☐ ほしいですが、たかいですよ。

☐ かわいい スカートですが、はでです。

☐ すこし じみな スカートが ほしいです。

# 01

칸 · 딴 · 쟈　아 리 마 센 · 데 시 따
## かんたんじゃ　ありませんでした。
간단하지 않았습니다

🎧 MP3_07-01

---

## かんたんじゃ　ありませんでした 간단하지 않았습니다

「かんたんじゃ　ありませんでした」의 기본형은 かんたんだ입니다. かんたんだ는 '간단하다'라는 뜻의 な형용사입니다. な형용사의 어미 だ를「〜じゃ ありませんでした」로 바꾸면 '〜지 않았습니다'라는 뜻의 정중한 과거 부정 표현이 됩니다. 따라서「かんたんじゃ　ありませんでした」라고 하면 '간단하지 않았습니다'라는 말이 되는 거죠.

예 かんたんだ 간단하다 → かんたんじゃ　ありませんでした 간단하지 않았습니다

「〜じゃ　ありませんでした」는「〜じゃ　なかったです」와 같은 표현입니다.

예 かんたんじゃ　ありませんでした 간단하지 않았습니다

　　= かんたんじゃ　なかったです

## 02

토 떼 모　무 즈 까 시 깟 · 따 데 스
# とても　むずかしかったです。
아주　　　　　　　　　어려웠습니다

🎧 MP3_**07-02**

### とても 아주, 매우

とても는 정도를 나타내는 부사로 '아주, 매우'라는 뜻입니다. 반대적 개념이 지난 CHAPTER에서 배운 すこし(조금)입니다.

예 とても　やすいです。 매우 쌉니다.

　　すこし　やすいです。 조금 쌉니다.

### むずかしかったです 어려웠습니다

むずかしかったです의 기본형은 むずかしい입니다. むずかしい는 '어렵다'라는 뜻의 い형용사입니다. い형용사의 어미 い를 かったです로 바꾸면 정중한 과거 긍정 표현이 됩니다. 따라서 むずかしかったです라고 하면 '어려웠습니다'라는 표현이 됩니다. 그리고 ～かったです에서 です를 빼고 ～かった라고 하면 반말 표현이 됩니다.

예 むずかしい 어렵다 → むずかしかった 어려웠다

　　→ むずかしかったです 어려웠습니다

# 03

타 이 헨 · 데 시 따 네
## たいへんでしたね。
힘들었겠군요

MP3_07-03

○ **たいへんでしたね** 힘들었겠군요

たいへんでしたね의 기본형은 たいへんだ입니다. たいへんだ는 '힘들다, 큰일이
다'라는 뜻의 な형용사예요. な형용사의 어미 だ를 でした로 바꾸면 '~었습니다'라는
뜻의 정중한 과거 긍정 표현이 됩니다. ~でした는 ~だったです로도 쓰고, ~だっ
たです에서 です를 빼고 ~だった라고 하면 반말 표현이 됩니다.

예 たいへんだ 힘들다 → たいへんでした 힘들었습니다

= たいへんだったです

→ たいへんだった 힘들었다

### な형용사 정중 표현 정리

| | | |
|---|---|---|
| 현재 긍정 | ~です | ~입니다 |
| 현재 부정 | ~じゃ ありません(=じゃ ないです) | ~지 않습니다 |
| 과거 긍정 | ~でした(=だったです) | ~었습니다 |
| 과거 부정 | ~じゃ ありませんでした(=じゃ なかったです) | ~지 않았습니다 |

무 즈 까 시 쿠     아 리 마 센 · 데 시 따
# むずかしく　ありませんでした。
어렵지 않았습니다

## ～く　ありませんでした ～지 않았습니다

い형용사의 어미 い를「～く　ありませんでした」로 바꾸면 '～지 않았습니다'라는 뜻
의 정중한 과거 부정 표현이 됩니다.「～く　ありませんでした」는「～く　なかった
です」와도 바꿔 쓸 수 있고,「～く　なかったです」에서 です를 빼고「～く　なかっ
た」라고 하면 반말 표현이 됩니다.

예 むずかしい 어렵다　→　むずかしく　ありませんでした 어렵지 않았습니다

　　　　　　　　　　 ＝ むずかしく　なかったです

　　　　　　　　　　 → むずかしく　なかった 어렵지 않았다

 **い형용사 정중 표현 정리**

| 현재 긍정 | ～いです | ～입니다 |
|---|---|---|
| 현재 부정 | ～く　ありません(=く　ないです) | ～지 않습니다 |
| 과거 긍정 | ～かったです | ～었습니다 |
| 과거 부정 | ～く　ありませんでした(=く　なかったです) | ～지 않았습니다 |

 **い형용사 표현 정리**

| 기본형 | むずかしい | 어렵다 |
|---|---|---|
| 현재 부정 | むずかしく　ない | 어렵지 않다 |
| 현재 긍정 정중 | むずかしいです | 어렵습니다 |
| 현재 부정 정중 | むずかしく　ありません(=むずかしく　ないです) | 어렵지 않습니다 |
| 연결 표현 | むずかしくて | 어렵고, 어려워서 |

## 01 🎧 MP3_07-05

간단하지 않았습니다.

칸 · 딴 · 쟈　아 리 마 센 · 데 시 따
**かんたん**じゃ　ありませんでした。

① 신·센·다
**しんせんだ**

② 키 레 – 다
**きれいだ**

③ 하 데 다
**はでだ**

④ 스 끼 다
**すきだ**

## 02 🎧 MP3_07-06

아주 어려웠습니다.

토 떼 모　무 즈 까 시 깟 · 따 데 스
とても　**むずかし**かったです。

① 야 스 이
**やすい**

② 타 까 이
**たかい**

③ 히 로 이
**ひろい**

④ 오 – 이
**おおい**

## 03 🎧 MP3_07-07

힘들었겠군요.

<sup>타 이 헨 · 데 시 따 네</sup>
**たいへん**でしたね。

① <sup>신 · 센 · 다</sup> **しんせんだ**

② <sup>키 레 - 다</sup> **きれいだ**

③ <sup>하 데 다</sup> **はでだ**

④ <sup>스 끼 다</sup> **すきだ**

## 04 🎧 MP3_07-08

어렵지 않았습니다.

<sup>무 즈 까 시 꾸 아 리 마 센 · 데 시 따</sup>
**むずかしく ありませんでした。**

① <sup>야 스 이</sup> **やすい**

② <sup>타 까 이</sup> **たかい**

③ <sup>히 로 이</sup> **ひろい**

④ <sup>오 - 이</sup> **おおい**

➡ 시우와 스미스가 시험에 대해 이야기하고 있습니다.

**スミス**
えいごの しけんは どうでしたか。
어땠습니까?

**シウ**
かんたんじゃ ありませんでした。

とても むずかしかったです。

**スミス**
たいへんでしたね。

**シウ**
でも、にほんごは ぜんぜん
그래도 　　　　　　　전혀

むずかしく ありませんでした。

**スミス**
それは よかったですね。
잘됐네요

**どうでしたか** 어땠습니까?

どうですか의 과거 표현으로, 상대방의 의견이나 의향을 물을 때 사용해요.

**ぜんぜん** 전혀

ぜんぜん은 '전혀'라는 뜻의 부사로, 흔히 뒤에 부정문을 동반합니다.

| | |
|---|---|
| 스미스 | 영어 시험은 어땠습니까? |
| 시우 | 간단하지 않았습니다. 아주 어려웠습니다. |
| 스미스 | 힘들었겠군요. |
| 시우 | 그래도 일본어는 전혀 어렵지 않았습니다. |
| 스미스 | 그것은 잘됐네요. |

📖 **단어정리**

- [ ] **えいご** 영어
- [ ] **しけん** 시험
- [ ] **どうでしたか** 어땠습니까?
- [ ] **かんたんだ** 간단하다
- [ ] **〜じゃ ありませんでした** 〜지 않았습니다
- [ ] **とても** 매우, 아주
- [ ] **むずかしい** 어렵다
- [ ] **〜かったです** 〜었습니다
- [ ] **たいへんだ** 힘들다, 큰일이다
- [ ] **〜でした** 〜었습니다
- [ ] **でも** 그래도, 하지만
- [ ] **にほんご** 일본어
- [ ] **ぜんぜん** 전혀 〈부정문 동반〉
- [ ] **よかったですね** 잘 됐네요

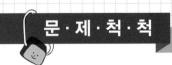

**1** 다음 질문에 보기와 같이 답하세요.

> 보기 しけんは むずかしかったですか。
>
> → はい、しけんは むずかしかったです。
>
> → いいえ、しけんは むずかしく ありませんでした。

**1** スカートは やすかったですか。

→ はい、_____

**2** りんごは おいしかったですか。

→ いいえ、_____

**3** にくは たかかったですか。

→ いいえ、_____

**2** 다음 질문에 보기와 같이 답하세요.

> 보기 しけんは かんたんでしたか。
>
> → はい、しけんは かんたんでした。
>
> → いいえ、しけんは かんたんじゃ ありませんでした。

**1** さかなは しんせんでしたか。

→ いいえ、_____

**2** スカートは はででしたか。

→ はい、_____

**3** へやは きれいでしたか。

→ いいえ、_____

## 왁자지껄 일본 이야기

### 방 구하기

일본도 우리와 마찬가지로 부동산 중개업소가 있어서 방을 구할 수 있습니다. 버스나 지하철 역이 가까우면 당연히 가격이 비싸지기 마련입니다. 좋은 집을 고르기 위해서는 교통이 얼마나 편리한지도 굉장히 중요하기 때문이죠. 일본에서는 자전거를 많이 이용하기 때문에 자전거로 역까지 5~10분 정도 걸리는 정도면 좋은 조건이라고 할 수 있습니다.

○ **い형용사 표현**

| ~いです | やすいです 쌉니다 |
|---|---|
| ~く ありません<br>=~く ないです | やすく ありません 싸지 않습니다<br>=やすく ないです |
| ~かったです | やすかったです 쌌습니다 |
| ~く ありませんでした<br>=~く なかったです | やすく ありませんでした 싸지 않았습니다<br>=やすく なかったです |
| ~い + 명사 | やすい くだもの 싼 과일 |
| ~くて | やすくて 싸고, 싸서 |

○ **な형용사 표현**

| ~です | きれいです 예쁩니다 |
|---|---|
| ~じゃ ありません<br>=~じゃ ないです | きれいじゃ ありません 예쁘지 않습니다<br>=きれいじゃ ないです |
| ~でした<br>=~だったです | きれいでした 예뻤습니다<br>=きれいだったです |
| ~じゃ ありませんでした<br>=~じゃ なかったです | きれいじゃ ありませんでした 예쁘지 않았습니다<br>=きれいじゃ なかったです |
| ~な | きれいな スカート 예쁜 스커트 |
| ~で | きれいで 예쁘고, 예뻐서 |

# REVIEW TEST

**1** 다음 질문에 답하세요.

1  くだものは　やすいですか。

  → はい、＿＿＿＿＿＿＿＿＿＿＿＿＿＿＿＿＿＿＿＿＿＿＿＿＿

2  りんごは　やすかったですか。

  → いいえ、＿＿＿＿＿＿＿＿＿＿＿＿＿＿＿＿＿＿＿＿＿＿＿＿

3  やさいは　しんせんでしたか。

  → はい、＿＿＿＿＿＿＿＿＿＿＿＿＿＿＿＿＿＿＿＿＿＿＿＿＿

4  スカートは　きれいですか。

  → はい、＿＿＿＿＿＿＿＿＿＿＿＿＿＿＿＿＿＿＿＿＿＿＿＿＿

5  あなたは　にくが　すきですか。

  → いいえ、＿＿＿＿＿＿＿＿＿＿＿＿＿＿＿＿＿＿＿＿＿＿＿＿

6  あなたの　へやは　きれいでしたか。

  → いいえ、＿＿＿＿＿＿＿＿＿＿＿＿＿＿＿＿＿＿＿＿＿＿＿＿

7  しけんは　むずかしいですか。

  → いいえ、＿＿＿＿＿＿＿＿＿＿＿＿＿＿＿＿＿＿＿＿＿＿＿＿

8  くだものは　おいしかったですか。

  → はい、＿＿＿＿＿＿＿＿＿＿＿＿＿＿＿＿＿＿＿＿＿＿＿＿＿

**2** 다음 문장을 부정문으로 바꾸어 쓰세요.

**1** わたしは なしが すきです。

→ _____

**2** すうがくは むずかしいです。

→ _____

**3** この スカートは きれいです。

→ _____

**4** しけんは かんたんでした。

→ _____

**5** やさいは やすかったです。

→ _____


**3** 다음 문장을 보고 맞는 것에는 ○, 틀린 것에는 ×로 표시하고 틀린 부분을 찾아 바르게 고치세요.

**1** りんごは とても おいしかったです。（　　　）

**2** へやは きれかったです。（　　　）

**3** えいごは むずかしかったです。（　　　）

**4** さかなは おいしく ありませんでした。（　　　）

**5** やさいは しんせんです。（　　　）

**6** くだものは やすいて おいしいです。(　　)

**7** りんごは おいしくて やすかったです。(　　)

**8** へやは きれくて やすいです。(　　)


## 4 다음을 일본어로 바꾸세요.

**1** 시험은 어땠습니까?

→ _____

**2** 시험은 아주 어려웠습니다.

→ _____

**3** 생선은 전혀 신선하지 않았습니다.

→ _____

**4** 사과는 한 개에 얼마입니까?

→ _____

**5** 슈퍼는 오전 9시부터 오후 10시까지입니다.

→ _____

**6** 스커트는 예쁩니다만, 비쌉니다.

→ _____

**7** 사과는 싸고 맛있습니다.

→ _____

**8** 야채는 신선하고 쌉니다.

→ _____

# 8

なに
# 何が
# ありますか。

무엇이 있습니까?

 학습목표

- **あります** (있습니다)
- **ありません** (없습니다)
- **なにが** (무엇이)
- **なにか** (무언가)

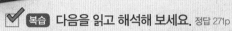

✓ **복습** 다음을 읽고 해석해 보세요. 정답 271p

☐ かんたんじゃ ありませんでした。

☐ とても むずかしかったです。

☐ たいへんでしたね。

☐ むずかしく ありませんでした。

## 01

쯔쿠에 노　우에니　나니가　아리마스 까

### 机の　上に　何が　ありますか。
<small>つくえ　うえ　なに</small>

책상　(의)　위　에　무엇　이　　　　있습니까?

🎧 MP3_08-01

---

### 〜の　上 <small>〜(의) 위</small>
<small>うえ</small>

「〜の 上(うえ)」는 '〜의 위'라는 뜻으로 위치를 나타내는 표현이에요. 위치를 나타낼 때는 명사와 명사 사이에 〜の를 넣어서 말하면 돼요. '책상'은 机(つくえ), '위'는 上니까 「机の　上」라고 하면 '책상 위'라는 위치를 나타내는 표현이 됩니다.

### 〜に <small>〜에</small>

위치, 장소를 나타내는 조사로, '〜에'라는 뜻이에요.

### 何 <small>무엇</small>
<small>なに</small>

何(なに) 뒤에 조사 〜が(〜이/가)와 〜を(〜을/를)가 오면 何는 なに로 읽습니다.

📋 何が　→　なにが <small>무엇이</small>

何を　→　なにを <small>무엇을</small>

> 何(어찌 하)는 なん 또는 なに로 읽어요. 〜ですか와 함께 쓰일 때는 なん으로 읽어 주세요. なにですか가 아니고 なんですか예요.

### 〜が <small>〜이/가</small>

〜が는 명사 뒤에 붙어 '〜이/가'라는 뜻으로 쓰이는 조사예요.

### ありますか <small>있습니까?</small>

あります에 의문을 나타내는 〜か가 붙은 형태예요. あります는 '있습니다'라는 뜻입니다. あります는 무생물, 식물, 사물에 대해서만 쓴다는 점에 주의하세요.

📖 단어정리

机(つくえ) 책상

## 02

엠·삐쯔·야　보－루펭·야　케시고무
**鉛筆や　ボールペンや　消しゴム**
えんぴつ　　　　　　　　　　　け
연필　　이랑　　　볼펜　　　이랑　　　지우개

MP3_08-02

나 도 가　아 리 마 스
**などが　あります。**
등　이　　　있습니다

---

**～や** ～(이)랑, ～(이)나

여러 가지를 나열할 때 쓰는 조사예요. '～(이)랑, ～(이)나' 정도로 해석하면 돼요.

**～など** ～등, ～따위

～など는 '～등, ～따위'라는 뜻으로, 예시, 나열 등에 사용해요. ～など는 보통 ～や

와 함께 쓰는데요. や를 두세 번 반복해서 쓴 다음 など를 붙이는 경향이 있어요.

「～や　～や　～など」의 형태로 말이죠.

예 りんごや　なしや　メロン　などが　あります。 사과랑 배랑 멜론 등이 있습니다.

---

**단어정리**

鉛筆(えんぴつ) 연필
ボールペン 볼펜
消(け)しゴム 지우개
メロン 멜론

## 03

지 쇼 와 아 리 마 셍 ·

# 辞書は ありません。
사전    은         없습니다

MP3_08-03

---

辞書 사전

辞書(じしょ)는 '사전'이에요. 일본어에서 '사전'을 나타내는 단어는 두 가지가 더 있는데요. 辞典(じてん), 字引(じびき)라는 단어가 있습니다.

ありません 없습니다

ありません은 앞에서 배운 あります의 부정 표현이에요. あります가 '있습니다'였으니 ありません은 '없습니다'가 되겠죠? あります와 마찬가지로 ありません도 무생물, 식물, 사물에 대해서만 쓴다는 점 기억하세요!

예 本が あります。책이 있습니다.

本が ありません。책이 없습니다.

ありません은 '(사물, 식물 등이) 없습니다'라는 뜻이지만, 앞에서 명사와 형용사의 부정 표현에도 쓰였습니다. 단, 명사와 형용사의 부정 표현에서는 해석에 주의하세요.

예 (명사) じゃ ありません ～이 아닙니다

(い형용사의 어간) く ありません ～지 않습니다

(な형용사의 어간) じゃ ありません ～지 않습니다

## 04

<ruby>椅子<rt>いす</rt></ruby>の <ruby>下<rt>した</rt></ruby>に <ruby>何<rt>なに</rt></ruby>か ありますか。

이 스 노 시따니 나니 까 아리마스 까
의자 (의) 밑 에 무엇 인가 있습니까?

MP3_08-04

いいえ、<ruby>何<rt>なに</rt></ruby>も ありません。

이 ― 에 나니모 아리마셍・
아니요 아무것도 없습니다

---

### ～の <ruby>下<rt>した</rt></ruby> ～(의) 아래, ～(의) 밑

「～の <ruby>下<rt>した</rt></ruby>」. 앞에서 살펴본「～の <ruby>上<rt>うえ</rt></ruby>」와 비슷한 형태지만 上가 '아래, 밑'이라는 뜻의 下로 바뀌었죠. 뜻은 '～의 아래, ～의 밑'입니다. の를 빠뜨리지 않도록 유의하세요. 자, '위, 아래'가 나왔으니, 위치를 나타내는 명사에 대해 좀 더 알아보겠습니다.

| | | |
|---|---|---|
| 上(うえ) 위 | 前(まえ) 앞 | 右(みぎ) 오른쪽 |
| 下(した) 아래 | 後(うし)ろ 뒤 | 左(ひだり) 왼쪽 |
| 中(なか) 안, 속 | 側(そば)・横(よこ)・となり 옆 | |

---

Sidebar note

「何か ありますか」와 비슷한 표현에 「何が ありますか」(무엇이 있습니까?)가 있는데요. 이것은 정확히 구체적으로 거기에 있는 것이 '무엇'인지를 묻는 표현이라고 할 수 있어요. 따라서 はい, いいえ로 답할 수 없고, 구체적인 대상을 언급해 주어야 해요.

### <ruby>何<rt>なに</rt></ruby>か 무언가

<ruby>何<rt>なに</rt></ruby>か는 '무엇'을 뜻하는 何에 '불확실한 추정'을 나타내는 か가 붙은 표현이에요. 따라서 何か라고 하면 '(불확실한) 무언가'를 가리키는 말이 됩니다. 「何か ありますか」라고 하면 '무언가 있습니까?'라는 뜻으로, 있는지 없는지를 묻는 표현이 됩니다. 따라서 있다면 はい(네), 없다면 いいえ(아니요)로 대답할 수 있지요.

### <ruby>何<rt>なに</rt></ruby>も 아무것도

<ruby>何<rt>なに</rt></ruby>も는 '무엇도, 아무것도'라는 뜻인데요. 뒤에는 반드시 부정 표현이 오기 때문에 위 문장에서도 ありません(없습니다)이 왔어요. ありません은 ないです와 같은 말이기 때문에 「何も ないです」라고 할 수도 있어요.

단어정리
椅子(いす) 의자

CHAPTER 8 何が ありますか。 | 149

## 01 🎧 MP3_08-05

책상 위에 무엇이 있습니까?

<ruby>机<rt>つくえ</rt></ruby>の <ruby>上<rt>うえ</rt></ruby>に <ruby>何<rt>なに</rt></ruby>が ありますか。

쯔쿠에 노 우에니 나니가 아리마스 까

① <ruby>椅子<rt>い す</rt></ruby>の <ruby>上<rt>うえ</rt></ruby>
이 스 노 우에

② <ruby>机<rt>つくえ</rt></ruby>の <ruby>下<rt>した</rt></ruby>
쯔쿠에 노 시따

③ かばんの <ruby>中<rt>なか</rt></ruby>
카 반 · 노 나까

④ テーブルの <ruby>横<rt>よこ</rt></ruby>
테 - 브루노 요꼬

📕 단어정리

□ テーブル 테이블

## 02 🎧 MP3_08-06

연필이랑 볼펜이랑 지우개 등이 있습니다.

<ruby>鉛筆<rt>えん ぴつ</rt></ruby>や ボールペンや <ruby>消<rt>け</rt></ruby>しゴム などが あります。

엠·삐쯔야 보-루펭·야 케시고무 나도가 아리마스

① <ruby>辞書<rt>じ しょ</rt></ruby>
지 쇼

② <ruby>英語<rt>えい ご</rt></ruby>の <ruby>本<rt>ほん</rt></ruby>
에이고 노 홍·

③ <ruby>魚<rt>さかな</rt></ruby>
사까나

④ りんご
링 · 고

① <ruby>本<rt>ほん</rt></ruby>
홍·

② <ruby>日本語<rt>に ほん ご</rt></ruby>の <ruby>本<rt>ほん</rt></ruby>
니 홍·고 노 홍·

③ <ruby>肉<rt>にく</rt></ruby>
니꾸

④ <ruby>梨<rt>なし</rt></ruby>
나시

① ノート
노 - 토

② <ruby>雑誌<rt>ざっ し</rt></ruby>
잣·시

③ <ruby>野菜<rt>や さい</rt></ruby>
야 사이

④ みかん
미 칸·

📕 단어정리

□ <ruby>雑誌<rt>ざっし</rt></ruby> 잡지

□ みかん 귤

## 03 🎧 MP3_08-07

사전은 없습니다.

지 쇼 와 아 리 마 셍 ·

**辞書**は ありません。
じ しょ

이 스
① 椅子
い す

스 까 ― 또
② スカート

쿠 다 모 노
③ 果物
くだもの

니 홍 · 고 노 홍 ·
④ 日本語の 本
に ほん ご ほん

## 04 🎧 MP3_08-08

의자 밑에 뭔가 있습니까?

이 스 노 시따니 나니 까 아 리 마 스 까

椅子の 下に 何か ありますか。
い す した なに

아니요, 아무것도 없습니다.

이 ― 에 나니모 아 리 마 셍 ·

いいえ、何も ありません。
なに

쯔쿠에 노 시따
① 机の 下
つくえ した

쯔쿠에 노 우에
② 机の 上
つくえ うえ

카 반 · 노 나까
③ かばんの 中
なか

이 스 노 우에
④ 椅子の 上
い す うえ

➡ 시우와 스미스가 책상 위의 물건에 대해 이야기하고 있습니다.

스미스 　　　　　　　쯔쿠에 노　우에 니　나니 가　아리마스 까
机の 上に 何が ありますか。

해석해 보기!

シウ 　　엠·삐쯔 야　보-루펭·야　케시고무　나도 가　아리마스
鉛筆や ボールペンや 消しゴム などが あります。

スミス 　지쇼 모　아리마스 까
辞書も ありますか。

シウ 　이-에　지쇼 와　아리마셍·
いいえ、辞書は ありません。

スミス 　이스 노　시따 니　나니까　아리마스 까
椅子の 下に 何か ありますか。

シウ 　이-에　나니 모　아리마셍·
いいえ、何も ありません。

| 스미스 | 책상(의) 위에 무엇이 있습니까? |
| --- | --- |
| 시우 | 연필이랑 볼펜이랑 지우개 등이 있습니다. |
| 스미스 | 사전도 있습니까? |
| 시우 | 아니요, 사전은 없습니다. |
| 스미스 | 의자(의) 밑에 무언가 있습니까? |
| 시우 | 아니요, 아무것도 없습니다. |

단어정리

□ 机 つくえ 책상
□ 上 うえ 위
□ ～に ～에
□ 何 なに 무엇
□ ～が ～이/가
□ ありますか 있습니까? 〈무생물, 식물, 사물〉
□ 鉛筆 えんぴつ 연필
□ ～や ～(이)랑, ～(이)나
□ ボールペン 볼펜
□ 消しゴム け 지우개
□ ～など ～등, ～따위
□ あります 있습니다 〈무생물, 식물, 사물〉
□ 辞書 じしょ 사전
□ ありません 없습니다 〈무생물, 식물, 사물〉
□ 椅子 いす 의자
□ 下 した 밑, 아래
□ 何か なに 무언가
□ 何も なに 아무것도 〈뒤에 부정문이 옴〉

机の 上に 何が
ありますか。

鉛筆や ボールペンや
消しゴム などが あります。

정답 266p

**1** 다음 질문에 보기와 같이 답하세요.

> 보기 机の 上に 何が ありますか。(鉛筆)
>
> → 机の 上に 鉛筆が あります。

**1** かばんの 中に 何が ありますか。(日本語の 本)

→ _____

**2** 机の 下に 何が ありますか。(かばん)

→ _____

**3** 椅子の 上に 何が ありますか。(スカート)

→ _____

**2** 다음을 일본어로 바꾸세요.

**1** 책상 위에 무엇이 있습니까?

→ _____

**2** 의자 밑에 가방이 있습니다.

→ _____

**3** 책상 위에 아무것도 없습니다.

→ _____

## 보증금과 사례금

　일본에는 전세의 개념이 없기 때문에 일본에서 집을 빌릴 때에는 월세밖에 없습니다. 월세라고 하더라도 보증금을 내야 하는데 이것을 しききん(敷金)이라고 합니다. しき(敷)는 바닥이나 밑에 '까는 것'을 말하고 きん(金)은 '돈'을 뜻합니다. 그래서 しききん이라고 하면 '깔고 들어가는 돈', 즉 우리의 보증금에 해당합니다.

　이 しききん은 다시 이사를 갈 때 돌려받을 수 있는데, 집의 상태를 보고 돌려받는 것이기 때문에 거의 전액을 돌려받기는 힘듭니다. 또 사례금이라고 할 수 있는 れいきん(礼金)이 있는데 이 れいきん은 한 달 방값을 따로 내는 것으로, 돌려받을 수 없는 돈입니다. れい(礼)는 '예의, 감사의 뜻'을 뜻하므로 れいきん(礼金)은 '사례금'으로 해석할 수 있습니다.

CHAPTER

# 9

## 誰が いますか。

だれ

누가 있습니까?

 학습목표

- 가족 명칭
- います (있습니다)
- いません (없습니다)
- だれが (누가)
- だれか (누군가)

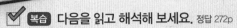

 **복습** 다음을 읽고 해석해 보세요. 정답 272p

☐ 机の 上に 何が ありますか。
つくえ　うえ　なに

☐ 鉛筆や ボールペンや 消しゴム などが あります。
えんぴつ　　　　　　　け

☐ 辞書は ありません。
じしょ

☐ 椅子の 下に 何か ありますか。
いす　した　なに

☐ いいえ、何も ありません。
なに

# 01

헤 야 노　　나까니　　다레 가　　이 마 스 까

## 部屋の　中に　誰が　いますか。

MP3_09-01

방　(의)　안　에　누구　가　있습니까?

---

### ～の　中 ~(의) 안

「～の　中(なか)」는 '~(의) 안'라는 뜻으로 위치를 나타내는 표현이에요. 中는 '안, 속'이라는 뜻이에요. 위치를 나타낼 때는 명사와 명사 사이에 ～の를 넣어서 말한다는 것, 이제는 아시겠죠?

### 誰が 누가

誰(だれ)が는 '누구'라는 뜻의 의문사 誰에 조사 ～が(~이/가)가 붙은 형태로 '누가'라는 뜻이에요.

### いますか 있습니까?

います는 사람이나 동물에 대해 사용해요. '있습니다'라는 뜻이고, 뒤에 붙은 ～か는 의문을 나타내죠. 무생물, 식물, 사물에 대해서는 あります를 쓴다는 것도 함께 기억해 두세요!

## 02

치찌 또　오또-또 가　이마스

# 父と 弟が います。
ちち　　おとうと

아버지 와　남동생 이　　있습니다

MP3_09-02

### 父 아버지
ちち

父(ちち)는 '아버지'라는 뜻이에요. 아버지를 가리키는 말에는 父 외에도 お父(とう)さん
이 있어요. お父さん은 父의 높임말이에요. 남의 아버지를 가리킬 때는 父가 아니라
お父さん이라고 해요.

### 弟 남동생
おとうと

弟(おとうと)는 '남동생'이라는 뜻이에요. '여동생'은 妹(いもうと)라고 해요. 일본어에는 '동
생'을 가리키는 말이 따로 없어요. 성별로 구분한 弟와 妹라는 표현만 있어요. 남의 동
생을 가리킬 때는 뒤에 さん을 붙여 주면 돼요. 남동생은 弟さん, 여동생은 妹さん이
라고 하면 되는 거죠.

03

하하 와 　 이 마 셍 ・

**母は いません。**
어머니 는 　　　　 없습니다

MP3_**09-03**

**母** 어머니

母(はは)는 '어머니'라는 뜻이에요. 父와 마찬가지로 お母(かあ)さん이라는 높임말이 있

어요. 남의 어머니를 말할 때는 꼭 お母さん이라고 하세요. 母は는 히라가나로 쓰면

ははは인데요. [hahaha]가 아니라 꼭 [hahawa]로 읽어 주세요.

**가족 명칭**

| 내 가족 | | 남의 가족 | | 뜻 |
|---|---|---|---|---|
| 父 | ちち | お父さん | おとうさん | 아버지 |
| 母 | はは | お母さん | おかあさん | 어머니 |
| 兄 | あに | お兄さん | おにいさん | 형, 오빠 |
| 姉 | あね | お姉さん | おねえさん | 언니, 누나 |
| 弟 | おとうと | 弟さん | おとうとさん | 남동생 |
| 妹 | いもうと | 妹さん | いもうとさん | 여동생 |

**いません** 없습니다

いません은 います(있습니다)의 부정 표현이에요. います와 마찬가지로 사람이나 동

물에 대해서만 사용한다는 점 기억하세요.

## 04

이 마 니　다 레 까　이 마 스 까
**居間に 誰か いますか。**
　いま　　　だれ
거실　에　누구 인가　　　있습니까?

이 ー 에　다 레 모　이 마 셍 ・
**いいえ、誰も いません。**
　　　　　　だれ
아니요　　　아무도　　　　없습니다

MP3_09-04

---

〈집 관련 용어〉
• 部屋(へや) 방
• 居間(いま) 거실
• 台所(だいどころ) 부엌
• トイレ 화장실
• 玄関(げんかん) 현관

いま
**居間** 거실
　ま

居間(いま)는 '거실'을 가리키는 말이에요. 다른 말로 応接間(おうせつま)(응접실)라고도
합니다.

だれ
**誰か** 누군가

誰(だれ)か는 '누군가'라는 뜻이에요. 「誰＋か」의 형태로, 誰 뒤에 붙은 か는 '불확실한
추정'을 나타내요. 이와 비슷한 말이 앞서 나왔는데 기억나세요? 바로 誰が라는 말이었
는데요. 「誰か いますか」라고 물으면 누가 됐든 상관없이 '있는지'를 묻는 것이기 때
문에 있으면 はい(네), 없으면 いいえ(아니요)라고 답하면 돼요. 「誰が いますか」라
고 물으면 거기에 있는 사람이 '누구'인지를 묻는 것이기 때문에 はい, いいえ로 답할
수 없어요.

だれ
**誰も** 누구도, 아무도

誰(だれ)も는 「誰＋も」의 형태인데요. 주로 뒤에 부정 표현을 동반하여 전면적으로 부
정하는 말이 돼요. 위 문장에서 뒤에 いません(없습니다)이라는 부정 표현을 동반하여
「誰も いません」(아무도 없습니다)이라는 전면적인 부정 표현이 된 것을 확인할 수
있어요.

예 　じむしつ　　だれ
**事務室に 誰も いません。** 사무실에 아무도 없습니다.

단어정21
事務室(じむしつ)
사무실

## 01 🎧 MP3_09-05

방 안에 누가 있습니까?

헤 야 노　나까니　다레 가　이 마 스 까

# 部屋の 中に 誰が いますか。

① 居間
이 마
이 마

② 台所
다이도꼬로
だいどころ

③ 家の 中
이에 노　나까
いえ　なか

④ 学校
각·꼬ー
がっこう

## 02 🎧 MP3_09-06

아버지와 남동생이 있습니다.

치찌 또　오또-또 가　이 마 스

# 父と 弟が います。

① 学生
각·세ー
がくせい

② 田中さん
타 나까산 ·
たなか

③ 父
치찌
ちち

④ 妹
이모-또
いもうと

① 先生
센·세ー
せんせい

② 私
와따시
わたし

③ 母
하하
はは

④ 弟
오또-또
おとうと

정답 262p

## 03 🎧 MP3_09-07

어머니는 없습니다.

하하 와　이마셍 ·

<ruby>母<rt>はは</rt></ruby>は　いません。

각·세ー
がくせい
① 学生

타 나까 상 ·
た　なか
② 田中さん

치찌
ちち
③ 父

오또ー또
おとうと
④ 弟

## 04 🎧 MP3_09-08

거실에 누군가 있습니까?

이 마 니　다레 까　이 마 스 까

<ruby>居間<rt>いま</rt></ruby>に　<ruby>誰<rt>だれ</rt></ruby>か　いますか。

아니요, 아무도 없습니다.

이 ー 에　다레 모　이마셍 ·

いいえ、<ruby>誰<rt>だれ</rt></ruby>も　いません。

헤 야 노　나까
へ や
① 部屋の　中

다이도꼬로
だいどころ
② 台所

깅·꼬ー
ぎんこう
③ 銀行

카이 기 시쯔 노　나까
かい ぎ しつ
④ 会議室の　中

📚 단어정리

かい ぎ しつ
☐ **会議室** 회의실

➡️ 시우와 스미스가 가족에 대해 이야기하고 있습니다.

헤 야 노　나까니　다레 가　이 마스 까

スミス　部屋の　中に　誰が　いますか。

해석해 보기

치찌 또　오또-또 가　이 마 스

シウ　父と　弟が　います。

오 까ー삼 · 모　이 마 스 까

スミス　お母さんも　いますか。

이 ー 에　하하 와　이 마 셍 ·

シウ　いいえ、母は　いません。

하하 와　다이도꼬로 니　이 마 스

母は　台所に　います。

이 마 니　다레 까　이 마 스 까

スミス　居間に　誰か　いますか。

이 ー 에　다레 모　이 마 셍 ·

シウ　いいえ、誰も　いません。

| | |
|---|---|
| 스미스 | 방(의) 안에 누가 있습니까? |
| 시우 | 아버지와 남동생이 있습니다. |
| 스미스 | 어머니도 있습니까? |
| 시우 | 아니요, 어머니는 없습니다. |
| | 어머니는 부엌에 있습니다. |
| 스미스 | 거실에 누군가 있습니까? |
| 시우 | 아니요, 아무도 없습니다. |

📚 단어정리

- [ ] 誰 누구
- [ ] いますか 있습니까? 〈사람, 동물〉
- [ ] 父 아버지
- [ ] 弟 남동생
- [ ] います 있습니다 〈사람, 동물〉
- [ ] お母さん (남의) 어머니
- [ ] 母 (나의) 어머니
- [ ] いません 없습니다 〈사람, 동물〉
- [ ] 台所 부엌
- [ ] 居間 거실
- [ ] 誰か 누군가
- [ ] 誰も 누구도, 아무도

部屋の 中に
誰が いますか。

父と 弟が います。

**1** 다음 질문에 보기와 같이 답하세요.

> 보기　部屋の　中に　誰が　いますか。(父)
>
> → 父が　います。

**1**　部屋の　中に　誰が　いますか。(弟)

→ _____

**2**　会議室の　中に　誰が　いますか。(田中さん)

→ _____

**2** 다음 질문에 보기와 같이 답하세요.

> 보기　部屋の　中に　お母さんも　いますか。
>
> → はい、部屋の　中に　母も　います。
>
> → いいえ、部屋の　中に　母は　いません。

**1**　台所に　お父さんも　いますか。

→ いいえ、_____

**2**　部屋の　中に　弟さんも　いますか。

→ はい、_____

**3** 다음을 일본어로 바꾸세요.

**1** 방 안에 누가 있습니까?

→ _____

**2** 방 안에 아무도 없습니다.

→ _____

## 왁자지껄 일본 이야기

### 호텔

요즘은 일본으로 여행하는 사람이 참 많은데요. 틀에 박힌 여행사 투어보다는 개인이 직접 모든 것을 선택할 수 있는 자유 여행을 가는 경우가 많은 것 같습니다.

일본에도 다양한 숙박 시설이 있는데, 호텔을 예약할 때는 객실당 가격이 아닌 객실 투숙객당 숙박료를 냅니다. 또 예약할 때는 조식 포함인지 조식 불포함인지 꼭 확인하는 것이 좋습니다.

○ **위치명사**

| | | |
|---|---|---|
| 上(うえ) 위 | 下(した) 아래 | 中(なか) 안, 속 |
| 前(まえ) 앞 | 後(うし)ろ 뒤 | 側(そば) 옆　　横(よこ) 옆　　となり 옆 |
| 右(みぎ) 오른쪽 | 左(ひだり) 왼쪽 | |

○ **〜に** 〜에 〈위치, 장소〉

○ **〜や** 〜(이)랑, 〜(이)나 〈열거, 나열〉

○ **〜など** 〜등, 〜따위 〈예시, 나열〉

○ **〜が** 〜이/가

○ **존재 표현**

| 무생물, 식물, 사물 | 사람, 동물 |
|---|---|
| あります 있습니다 | います 있습니다 |
| ありますか 있습니까? | いますか 있습니까? |
| ありません 없습니다 | いません 없습니다 |

＊A : 何<sup>なに</sup>が あ（りますか。 무엇이 있습니까?

B : ノートが あります。 노트가 있습니다.

A : 何<sup>なに</sup>か ありますか。 무언가 있습니까?

B : はい、あります。 네, 있습니다.
　　いいえ、何<sup>なに</sup>も ありません。 아니요, 아무것도 없습니다.

A : 誰<sup>だれ</sup>が いますか。 누가 있습니까?

B : 父<sup>ちち</sup>が います。 아버지가 있습니다.

A : 誰<sup>だれ</sup>か いますか。 누군가 있습니까?

B : はい、います。 네, 있습니다.
　　いいえ、誰<sup>だれ</sup>も いません。 아니요, 아무도 없습니다.

정답 269p

**1** 다음 그림을 보고 답하세요.

1 部屋の 中に 誰が いますか。

　→ _____

2 机の 上に 何が ありますか。

　→ _____

3 椅子の 下に 何が ありますか。

　→ _____

4 妹も いますか。

　→ _____

5 机の 上に ノートが ありますか。

　→ _____

**2** 다음 문장을 보고 맞는 것에는 ○, 틀린 것에는 ×로 표시하고 틀린 부분을 찾아 바르게 고치세요.

1 机の 上に 何も あります。( )

2 椅子の 下に かばんが あります。( )

3 部屋の 中に だれが いますか。( )

4 会社に 田中さんが あります。( )

5 かばんの 中に 本が あります。( )

6 スーパーに くだものが います。( )


**3** 다음 문장을 알맞게 연결하세요.

| | |
|---|---|
| 1 椅子の 上に 本が · | · います。 |
| 2 机の 上に 何も · | · あります。 |
| 3 部屋の 中に 誰も · | · いません。 |
| 4 部屋の 中に 田中さんが · | · ありません。 |

## 4 다음을 일본어로 바꾸세요.

**1** 책상 위에 책이 있습니다.

→ _____

**2** 방 안에 남동생이 있습니다.

→ _____

**3** 의자 밑에 아무것도 없습니다.

→ _____

**4** 가방 안에 책이 있습니까?

→ _____

**5** 책상 위에 책이랑 연필이랑 지우개 등이 있습니다.

→ _____

**6** 방 안에 아무도 없습니다.

→ _____

**7** 방 안에 어머니와 아버지가 있습니다.

→ _____

# なん じ
# 何時に
# お
# 起きますか。

## 몇 시에 일어납니까?

 학습목표

- 2그룹 동사
- 3그룹 동사
- 동사의 ます형 **ます** (~합니다)
- 동사의 ます형 **ません** (~하지 않습니다)

---

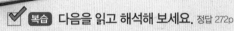 복습 다음을 읽고 해석해 보세요. 정답 272p

☐ へや なか だれ
  部屋の 中に 誰が いますか。

☐ ちち おとうと
  父と 弟が います。

☐ はは
  母は いません。

☐ い ま だれ
  居間に 誰か いますか。

☐ だれ
  いいえ、誰も いません。

# 01

🎧 MP3_10-01

あなたは 何時<sup>なんじ</sup>に 起<sup>お</sup>きますか。

당신 은 몇시 에 일어납니까?

---

## 何時<sup>なんじ</sup>に 몇 시에

何時(なんじ)는 '몇 시'라는 뜻이고, 시간 표현 뒤에는 때를 나타내는 조사 に를 씁니다.

예 九時<sup>くじ</sup>に 9시에

## 起<sup>お</sup>きますか 일어납니까?

起(お)きますか는 「起き＋ます＋か」의 형태입니다. か는 의문을 나타내는 か이고,

～ます는 동사에 붙어 '～합니다'라는 뜻을 나타냅니다. 起きる는 起きる(일어나다)라는

동사의 ます형입니다.

起きる는 起き가 어간, る가 어미입니다. 이처럼 어미가 る이고 어간 마지막 글자의

발음이 い단 또는 え단인 동사를 '2그룹 동사'라고 합니다. 起きる를 살펴보면, 어미는

る, 어간의 마지막 글자는 き입니다. き는 か행(か・き・く・け・こ) 글자 중 い단

에 해당하므로, 2그룹 동사로 분류합니다.

2그룹 동사에 ～ます가 붙을 때는 어미 る를 뗀 후 ～ます를 붙여요. 이처럼 ～ます

가 붙으면서 변화한 동사의 모습을 'ます형'이라고 합니다.

예 起<sup>お</sup>きる 일어나다 ＋ ます ～합니다 → 起<sup>お</sup>きます 일어납니다

· 일본어의 동사는 모두 어미가 う단으로 끝나요.

· 2그룹 동사는 다른 표현으로 바뀔 때 무조건 る를 떼고 다른 말을 붙여요.

· ます가 붙어 있으면 그 앞의 단어는 동사라고 생각하면 돼요.

· 좀 더 많은 2그룹 동사를 알고 싶다면 핸드북 31p를 참고하세요.

174

## 02 | 何を しますか。
무엇 을 합니까?

🎧 MP3_10-02

## 朝ごはんを 食べます。
아침밥 을 먹습니다

---

○ **何を** 무엇을

なんを라고 읽지 않습니다. ～をと '～을/를'의 의미를 나타내는 목적격 조사입니다.

○ **しますか** 합니까?

しますか는「します+か」의 형태예요. します는 동사 する(하다)의 정중한 표현이에요. 일본어의 동사에는 불규칙하게 변화하는 동사가 두 개 있는데요. 이 두 동사를 '3그룹 동사'로 분류합니다. 이 3그룹 동사 중 하나가 する예요. 딱히 정해진 규칙이 없기 때문에 변화 형태를 모두 외우는 게 좋아요. 다른 하나는 '오다'라는 뜻의 동사 来(く)る예요.

예 する 하다 → します 합니다 ⎫
　　来る 오다 → 来ます 옵니다 ⎭ 3그룹 동사

○ **朝ごはん** 아침밥

아침밥 朝(あさ)ごはん
점심밥 昼(ひる)ごはん
저녁밥 晩(ばん)ごはん

朝(あさ)는 '아침', ごはん은 '밥'이라는 뜻이에요. 두 명사가 하나의 단어로 굳어진 것이기 때문에 朝와 ごはん 사이에 の를 쓰지 않고 朝ごはん이라고 하면 돼요.

○ **食べます** 먹습니다

食(た)べます는 '먹다'라는 뜻의 동사 食べる의 정중 표현이에요. 食べる는 어미가 る이고 어간의 마지막 글자의 발음이 え단인 べ로 끝나므로 2그룹 동사입니다. 2그룹 동사의 정중 표현은 る를 떼고 ます를 붙이면 된다는 것, 꼭 기억하세요!

예 食べる 먹다 → 食べます 먹습니다

# 03

MP3_**10-03**

## 朝(あさ)は、テレビは 見(み)ません。
아침  에는       텔레비전    은       보지 않습니다

**朝(あさ)は** 아침에는

'아침에는'이라고 할 때는 朝(あさ)には가 아니고 朝は라고 해요. 시간을 나타내는 말을 '~에는'이라고 표현할 때는 ~には가 아니라 ~は만 씁니다.

(예) 朝(あさ)は 아침에는(아침은)

朝(よる)は 밤에는(밤은)

**見(み)ません** 보지 않습니다

見(み)ません은 '보지 않습니다'라는 뜻이에요. '보다'라는 뜻의 동사 見る와 정중한 부정을 나타내는 ~ません이 결합한 형태예요. 見る는 어미가 る이고 어간의 마지막 글자의 발음이 い단인 み이기 때문에 2그룹 동사예요. 2그룹 동사의 정중한 부정 표현은 어미 る를 떼고 ~ません을 붙이면 됩니다.

(예) 見(み)る 보다 → 見(み)ません 보지 않습니다

📖 단어정리

テレビ 텔레비전
夜(よる) 밤

176

# 04

## 8時に うちを 出ます。
### はちじ　　　　　　　で
8시 에 집 을 　나섭니다

---

出(で)る와 비슷하면서 자주 쓰는 동사에 出(で)か
ける(나가다, 외출하다)가 있어요. 出かける는 목적이나 목적지가 정확하게 나온 문장일 때 사용합니다.

○ **うち** 집

うち는 '집'이라는 뜻이에요. 일본어에서 '집'은 いえ라고도 해요. うち와 いえ의 차이점은, いえ는 영어의 'house'로 건물 위주의 집, うち는 영어의 'home'으로 가정 위주의 집이라고 이해하면 됩니다.

○ **出ます** 나섭니다
　**で**

出(で)ます는 '나섭니다, 나갑니다'라는 뜻이에요. 出ます는 기본형 出る(나서다, 나가다)에 ます가 붙은 형태예요. 出る는 어미가 る이고 어간의 마지막 글자의 발음이 え단인 で이므로 2그룹 동사예요. 지겨워도 자꾸자꾸 따져 보고 확인하는 연습이 필요해요.

○ **うちを 出る** 집을 나서다
　　　　　**で**

「うちを 出る」는 '집을 나서다, 나가다'라는 뜻이에요. 숙어처럼 외워 주세요. 가출을 한다는 것은 아니고, 어딘가를 가기 위해 나선다는 의미예요.

## 01  🎧 MP3_ 10-05

당신은 몇 시에 일어납니까?

# あなたは 何時に 起きますか。

① 寝る

② 出る

③ 来る

④ 出かける

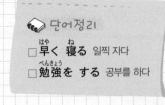

📖 단어정리

□ 寝る 자다

## 02  🎧 MP3_ 10-06

아침밥을 먹습니다.

# 朝ごはんを 食べます。

① テレビを 見る

② 早く 寝る

③ うちを 出る

④ 勉強を する

📖 단어정리

□ 早く 寝る 일찍 자다
□ 勉強を する 공부를 하다

정답 262p

## 03 🎧 MP3_10-07

아침에는, 텔레비전은 보지 않습니다.

# <ruby>朝<rt>あさ</rt></ruby>は、テレビは <ruby>見<rt>み</rt></ruby>ません。

① <ruby>朝<rt>あさ</rt></ruby> 7<ruby>時<rt>じ</rt></ruby>には <ruby>起<rt>お</rt></ruby>きる

② <ruby>夜<rt>よる</rt></ruby> 10<ruby>時<rt>じ</rt></ruby>には <ruby>寝<rt>ね</rt></ruby>る

③ <ruby>朝<rt>あさ</rt></ruby>ごはんは <ruby>食<rt>た</rt></ruby>べる

④ <ruby>窓<rt>まど</rt></ruby>は <ruby>開<rt>あ</rt></ruby>ける

 단어정리

□ <ruby>窓<rt>まど</rt></ruby> 창문
□ <ruby>開<rt>あ</rt></ruby>ける 열다

## 04 🎧 MP3_10-08

8시에 집을 나섭니다.

# 8<ruby>時<rt>はちじ</rt></ruby>に うちを <ruby>出<rt>で</rt></ruby>ます。

① ごはんを <ruby>食<rt>た</rt></ruby>べる

② テレビを <ruby>見<rt>み</rt></ruby>る

③ <ruby>勉強<rt>べんきょう</rt></ruby>を する

④ <ruby>電気<rt>でんき</rt></ruby>を つける

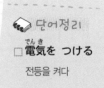 단어정리

□ <ruby>電気<rt>でんき</rt></ruby>を つける
전등을 켜다

➡ 시우가 유리에의 하루 일과에 대해 물어보고 있습니다.

**シウ** あなたは 何時<sub>なんじ</sub>に 起<sub>お</sub>きますか。

해석해 보기

**ゆりえ** 私<sub>わたし</sub>は 7時<sub>しちじ</sub>に 起<sub>お</sub>きます。

**シウ** それから、何<sub>なに</sub>を しますか。
그러고 나서

**ゆりえ** 朝<sub>あさ</sub>ごはんを 食<sub>た</sub>べます。

**シウ** テレビを 見<sub>み</sub>ますか。

**ゆりえ** いいえ。朝<sub>あさ</sub>は、テレビは 見<sub>み</sub>ません。

**シウ** 何時<sub>なんじ</sub>に うちを 出<sub>で</sub>ますか。

**ゆりえ** 8時<sub>はちじ</sub>に うちを 出<sub>で</sub>ます。

| | |
|---|---|
| 시우 | 당신은 몇 시에 일어납니까? |
| 유리에 | 저는 7시에 일어납니다. |
| 시우 | 그러고 나서 무엇을 합니까? |
| 유리에 | 아침밥을 먹습니다. |
| 시우 | 텔레비전을 봅니까? |
| 유리에 | 아니요. 아침에는 텔레비전은 보지 않습니다. |
| 시우 | 몇 시에 집을 나섭니까? |
| 유리에 | 8시에 집을 나섭니다. |

📚 단어정리

□ **起きる** 일어나다, 기상하다
□ **それから** 그러고 나서
□ **何** 무엇
□ **～を** ~을/를
□ **する** 하다
□ **朝ごはん** 아침밥
□ **食べる** 먹다
□ **テレビ** 텔레비전
□ **見る** 보다
□ **朝** 아침
□ **うち** 집
□ **出る** 나서다, 나가다, 나오다

何時に 起きますか。

７時に 起きます。

**1** 다음을 보기와 같이 바꾸세요.

> 보기 テレビを 見<sup>み</sup>ますか。 → テレビは 見<sup>み</sup>ません。

1 朝<sup>あさ</sup>ごはんを 食<sup>た</sup>べますか。 → _____

2 勉強<sup>べんきょう</sup>を しますか。 → _____

3 窓<sup>まど</sup>を 開<sup>あ</sup>けますか。 → _____


**2** 다음을 보기와 같이 바꾸세요.

> 보기 7時<sup>しちじ</sup>に 起<sup>お</sup>きる → 7時<sup>しちじ</sup>に 起<sup>お</sup>きます。

1 勉強<sup>べんきょう</sup>を する → _____

2 テレビを 見<sup>み</sup>る → _____

3 朝<sup>あさ</sup>ごはんを 食<sup>た</sup>べる → _____


**3** 다음을 일본어로 바꾸세요.

1 당신은 몇 시에 일어납니까?

→ _____

2 아침밥을 먹습니다.

→ _____

3 텔레비전은 보지 않습니다.

→ _____

## 왁자지껄 일본 이야기

### 이자카야

요즘 우리나라에도 일본식 선술집인 '이자카야'가 많아졌는데요. 이자카야는 술을 파는 가게인 '사카야(酒屋, さかや)'에서 유래했습니다. 원래 사카야는 술을 팔기만 하는 곳이었는데, 점차 사람들이 그곳에 머물며 술을 마시게 되었고, 시간이 더 지나자 안주도 곁들여 술을 팔게 되었지요. 그래서 '居(살 거)'를 붙여 居酒屋(いざかや)라고 부르게 되었습니다.

CHAPTER

11

でんしゃ い
# 電車で 行きます。

전철로 갑니다.

## 📖 학습목표

- 1그룹 동사
- 동사의 ます형 **ます** (~합니다)
- 동사의 ます형 **ません** (~하지 않습니다)

---

✅ 복습 **다음을 읽고 해석해 보세요.** 정답 272p

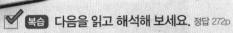

- ☐ あなたは 何時<sub>なんじ</sub>に 起<sub>お</sub>きますか。
- ☐ 何<sub>なに</sub>を しますか。
- ☐ 朝<sub>あさ</sub>ごはんを 食<sub>た</sub>べます。
- ☐ 朝<sub>あさ</sub>は テレビは 見<sub>み</sub>ません。
- ☐ 8時<sub>はちじ</sub>に うちを 出<sub>で</sub>ます。

# 01

MP3_**11-01**

## 会社は 電車で 行きます。
かいしゃ   でんしゃ   い

회사　는　　전철　로　　　갑니다

---

**~で** ~(으)로

'수단, 도구'를 나타내는 で 앞에 '무엇'을 뜻하는 何가 오면 なんで가 아니라 なにで로 읽습니다.

조사 ~で는 다양한 상황에 사용되는 조사인데요. 앞서 CHAPTER 3에서 '원인, 이유'를 나타내는 ~で에 대해 학습한 바 있습니다. 위 문장의 ~で는 그와는 다른, '수단, 도구'를 나타내는 ~で인데요. 해석은 '~(으)로'라고 하면 됩니다.

예 A ケーキは 何で 食べますか。 케이크는 무엇으로 먹습니까?
　　　　　　なに　　た

　 B ケーキは フォークで 食べます。 케이크는 포크로 먹습니다.
　　　　　　　　　　　　た

　 A 学校は 何で 来ますか。 학교는 무엇으로 옵니까?
　　　がっこう　なに　き

　 B 学校は バスで 来ます。 학교는 버스로 옵니다.
　　　がっこう　　　　き

---

**行きます** 갑니다
い

좀 더 많은 1그룹 동사를 알고 싶다면 핸드북 29p를 참고하세요.

行(い)きます는「行き＋ます」의 형태로, 기본형은 동사 行く예요. 앞에서 2그룹 동사와 3그룹 동사에 대해 정리했었죠. 2그룹 동사, 3그룹 동사 외에는 모두 1그룹 동사예요. 1그룹 동사의 형태를 좀 더 자세히 살펴보면, 어미가 る이고 어간의 마지막 글자의 발음이 あ단, う단, お단인 동사는 모두 1그룹 동사입니다. 그리고 어미가 る가 아닌 동사는 모두 1그룹 동사에 속합니다. 行く는 어미가 る가 아닌 동사이므로 1그룹 동사로 분류됩니다.

1그룹 동사의 ます형은 어미 う단을 い단으로 바꾸면 됩니다. 行く를 통해 살펴보면, 어미 く를 い단인 き로 바꾸는 거죠. 여기에 ~ます를 붙이면 정중한 표현이 돼요.

예 行く 가다 → 行きます 갑니다
　 い　　　　　　い

---

**단어정21**

電車(でんしゃ)
전차, 전철
ケーキ 케이크
フォーク 포크
バス 버스

## 02

**MP3_11-02**

# 30分ぐらい かかります。
さんじゅっぷん

30분       정도       걸립니다

### 30分 30분
さんじゅっぷん

30分(さんじゅっぷん)은 '30분'이라는 뜻의 시간을 나타내는 말이에요.

| 1분 | 2분 | 3분 | 4분 | 5분 |
|-----|-----|-----|-----|-----|
| いっぷん | にふん | さんぷん | よんぷん | ごふん |

| 6분 | 7분 | 8분 | 9분 | 10분 |
|-----|-----|-----|-----|-----|
| ろっぷん | ななふん | はっぷん | きゅうふん | じゅっぷん |

### ～ぐらい ~정도, ~쯤

～ぐらい는 명사에 붙어서 '~정도, ~쯤'이라는 뜻을 나타내요. ～ぐらい와 같은 말에 ～くらい가 있는데요. 차이점은 발음이 다르다는 것, 그리고 ～くらい는 주로 이(이), その(그), あの(저), どの(어느) 뒤에 붙는다는 점이에요.

(예) 30分ぐらい 30분 정도
　　さんじゅっぷん

　　このくらい 이 정도

### かかります 걸립니다

'시간이 걸리다'라는 표현도 함께 알아 두세요.
時間(じかん)が かかる
시간이 걸리다

かかる는 '(날짜, 시간, 비용 등이) 걸리다'라는 뜻의 1그룹 동사예요. かかる는 어미가 る이고 어간의 마지막 글자가 あ단 중 하나인 か이므로 1그룹 동사로 분류됩니다. 따라서 かかる의 ます형은 어미 る를 い단인 り로 바꾼 かかり가 됩니다. 여기에 ～ます를 붙여 かかります라고 하면 '걸립니다'라는 뜻의 정중 표현이 됩니다.

(예) かかる 걸리다 → かかります 걸립니다

## 03

# すぐ うちへ 帰りますか。
곧장　　　집　　으로　　　돌아갑니까?

MP3_11-03

---

## すぐ 곧, 곧장, 금방

시간의 개념을 나타내는 부사예요. 많이 쓰는 표현이니 꼭 알아 두세요.

---

장소를 나타내는 말에 붙는 조사는 〜へ 외에도 〜に가 있죠. 〜に는 움직임이 없이 어떤 장소에 있을 때 사용하고 〜へ는 움직임 있을 때 사용한다는 차이가 있어요.

## 〜へ 〜(으)로, 〜에

〜へ는 장소를 나타내는 말에 붙습니다. 이동·진행의 목표 지점이나 방향을 나타내는 조사로, 보통 '〜(으)로, 〜에'라고 해석해요. 한 가지 주의! 히라가나 へ는 [he]로 발음하지만 조사로 사용되었을 때는 [e]로 발음해요.

---

'자신의 집으로 가다'라고 할 때는 行(い)く가 아니라 帰(かえ)る를 쓴다는 점을 기억하세요.

## 帰りますか 돌아갑니까?

帰(かえ)ります는 동사 帰る의 정중한 표현이에요. 帰る는 어미가 る이고 어간의 마지막 글자의 발음이 え단이므로 2그룹 동사일 것 같지만, 변화 형태가 1그룹 동사의 규칙을 따릅니다. 이러한 동사, 즉 겉모습은 2그룹 동사이지만 변화 형태는 1그룹 동사의 규칙을 따르는 동사를 예외적으로 1그룹 동사로 분류해요. 帰る의 ます형은 1그룹 동사의 규칙에 따라 어미 る를 い단인 り로 바꾸어 帰り라고 하면 됩니다. 대표적인 예외적 1그룹 동사는 다음과 같습니다.

예 帰(かえ)る 돌아가다, 돌아오다　　　入(はい)る 들어가다, 들어오다

要(い)る 필요하다　　　切(き)る 자르다, 끊다

走(はし)る 달리다, 뛰다　　　参(まい)る 오다, 가다

散(ち)る 떨어지다, 지다

# 04

## たまに 友<sub>とも</sub>だちに 会<sub>あ</sub>います。
가끔 친구 를 만납니다

### たまに 가끔

たまに는 '가끔'이라는 뜻의 부사입니다.

### ～に 会<sub>あ</sub>います ～을/를 만납니다

会<sub>(あ)</sub>います의 기본형은 会う(만나다)예요. 会う는 1그룹 동사이므로 어미 う를 い단인 い로 바꾸고 ます를 붙이면 정중한 표현이 됩니다.

예 会<sub>あ</sub>う 만나다 → 会<sub>あ</sub>います 만납니다

'누군가를 만나다'라고 할 때「～を 会う」라고 하지 않고「～に 会う」라고 해요. 이처럼 우리말로는 '～을/를'이 들어갈 자리이지만 일본어에서는 조사 ～を가 아니라 ～に를 사용하는 동사가 몇 개 있는데요. 대표적으로 会う 그리고 乗<sub>(の)</sub>る가 있습니다. 乗る는 '타다, 오르다'라는 뜻이에요. 자동차를 타거나 버스를 탈 때 乗る를 사용해요.

예 友<sub>とも</sub>だちに 会<sub>あ</sub>う 친구를 만나다
　　バスに 乗<sub>の</sub>る 버스를 타다

## 01 🎧 MP3_11-05

회사는 전철로 갑니다.

かいしゃ でんしゃ い
**会社**は **電車**で 行きます。

① 銀行（ぎんこう）　　① バス

② 学校（がっこう）　　② 地下鉄（ちかてつ）

③ 会社（かいしゃ）　　③ 車（くるま）

④ デパート　　　　④ タクシー

📖 단어정리

□ **地下鉄**（ちかてつ） 지하철

□ **タクシー** 택시

## 02 🎧 MP3_11-06

30분 정도 걸립니다.

さんじゅっぷん
**30分**ぐらい かかります。

① 7分（ななふん）

② 10分（じゅっぷん）

③ 20分（にじゅっぷん）

④ 5分（ごふん）

정답 263p

## 03  🎧 MP3_11-07

곧장 집으로 돌아갑니까?

すぐ うちへ 帰りますか。

- ① お風呂に 入る
- ② 電車が 来る
- ③ 花が 散る
- ④ 電車に 乗る

📖 단어정리
- □ お風呂に 入る 목욕하다
- □ 花が 散る 꽃이 지다
- □ 電車に 乗る 전철을 타다

## 04  🎧 MP3_11-08

가끔 친구를 만납니다.

たまに 友だちに 会います。

- ① デパートへ 行く
- ② タクシーに 乗る
- ③ 仕事を する
- ④ うちへ 帰る

📖 단어정리
- □ 仕事 일, 업무

➡️ 시우가 유리에의 하루 일과에 대해 물어보고 있습니다.

シウ 　会社は 何で 行きますか。

ゆりえ 　会社は 電車で 行きます。

シウ 　会社までは 何分ぐらい かかりますか。

ゆりえ 　30分ぐらい かかります。

シウ 　何時から 何時まで 仕事を しますか。

ゆりえ 　9時から 6時までです。

シウ 　すぐ うちへ 帰りますか。

ゆりえ 　たまに 友だちに 会いますが、

　　　　 たいてい うちへ 帰ります。

| 시우 | 회사는 무엇으로 갑니까? |
|---|---|
| 유리에 | 회사는 전철로 갑니다. |
| 시우 | 회사까지는 몇 분 정도 걸립니까? |
| 유리에 | 30분 정도 걸립니다. |
| 시우 | 몇 시부터 몇 시까지 일을 합니까? |
| 유리에 | 9시부터 6시까지입니다. |
| 시우 | 곧장 집으로 갑니까? |
| 유리에 | 가끔 친구를 만납니다만, 대개 집으로 갑니다. |

**단어정리**

- □ 会社 회사
- □ 何で 무엇으로
- □ 行く 가다
- □ 電車 전철
- □ ～までは ～까지는
- □ 何分 몇 분
- □ ～くらい(ぐらい) ～정도
- □ かかる 걸리다
- □ 30分 30분
- □ 仕事 일, 업무
- □ すぐ 곧
- □ ～へ ～(으)로, ～에
- □ 帰る 돌아가다
- □ たまに 가끔
- □ 友だち 친구
- □ ～に 会う ～을/를 만나다
- □ ～が ～합니다만
- □ たいてい 대개

会社は 何で 行きますか。

会社は 電車で 行きます。

## 1 다음 동사를 분류하세요.

1 行<sub>い</sub>く : (      )  2 入<sub>はい</sub>る : (      )

3 飲<sub>の</sub>む : (      )  4 食<sub>た</sub>べる : (      )

5 帰<sub>かえ</sub>る : (      )  6 来<sub>く</sub>る : (      )

7 乗<sub>の</sub>る : (      )  8 散<sub>ち</sub>る : (      )

9 見<sub>み</sub>る : (      )  10 会<sub>あ</sub>う : (      )

11 する : (      )  12 参<sub>まい</sub>る : (      )

## 2 다음 동사를 정중 표현(~ます)으로 바꾸세요.

1 行<sub>い</sub>く →  2 する →

3 飲<sub>の</sub>む →  4 食<sub>た</sub>べる →

5 帰<sub>かえ</sub>る →  6 来<sub>く</sub>る →

7 乗<sub>の</sub>る →  8 見<sub>み</sub>る →

9 入<sub>はい</sub>る →  10 会<sub>あ</sub>う →

## 3 다음을 일본어로 바꾸세요.

1 회사는 전철로 갑니다.

→ _____

2 몇 시부터 일을 합니까?

→ _____

3 곧장 집으로 갑니까?

→ _____

## 왁자지껄 일본 이야기

### 지진 속보

일본은 지진이 많은 나라입니다. 큰 지진이 한 해에 몇 차례씩 나기도 하고, 사람이 잘 느끼지 못하는 작은 지진은 거의 매일 일어납니다. 따라서 일본에 장기간 체류하게 되면 지진을 당연히 경험하게 될 텐데요. 짧게 여행으로 다녀오는 경우에는 지진을 경험할 수도 있고 아닐 수도 있겠지요. 만약 여행 중 지진을 느꼈다면, 얼른 텔레비전을 틀어 보세요. 얼마 지나지 않아 자막 속보가 뜹니다. 지진이 발생한 곳, 지역별 진도, 쓰나미가 올 확률 등이 거의 실시간으로 보도되는 걸 확인할 수 있습니다.

동영상 강의 보기

# 映画を
# 見ましたか。

영화를 봤습니까?

 학습목표

- 동사의 ます형 **ました** (~했습니다)
- 동사의 ます형 **ませんでした** (~하지 않았습니다)

---

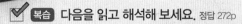

☑ 복습 **다음을 읽고 해석해 보세요.** 정답 272p

□ 会社は 電車で 行きます。

□ 30分ぐらい かかります。

□ すぐ うちへ 帰りますか。

□ たまに 友だちに 会います。

앗! 유리에 씨!

아, 시우 씨! 안녕하세요.

어제, 영화 잘 봤어요?

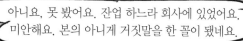

아니요, 못 봤어요. 잔업 하느라 회사에 있었어요.
미안해요. 본의 아니게 거짓말을 한 꼴이 됐네요.

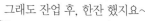

아이고, 안타깝게 됐네요.

그래도 잔업 후, 한잔 했지요~

뭐랏?!

맛있는 거 많이 먹었어요. 기분 좋았답니다.

대체 술은 누구랑….

## 01

### 昨日(きのう)、映画(えいが)を 見(み)ましたか。
어제 　 영화 　 를 　 봤습니까?

🎧
MP3_12-01

### いいえ、見(み)ませんでした。
아니요 　 　 보지 않았습니다

---

○ **昨日(きのう)** 어제

昨日(きのう)는 '어제'라는 뜻의 명사예요. 과거 표현과 함께 사용하죠. 장음 발음에 주의

하세요. 昨日와 함께 알아 둘 표현은 다음과 같아요.

| 그저께 | 어제 | 오늘 | 내일 | 모레 |
|---|---|---|---|---|
| おととい | 昨日(きのう) | 今日(きょう) | 明日(あした) | あさって |

○ **映画(えいが)** 영화

映画(えいが)는 '영화'라는 뜻이에요. 映画 역시 장음 발음에 주의하세요.

○ **見(み)ましたか** 봤습니까?

見(み)る(보다)는 2그룹 동사로 ます형에 〜ました를 붙이면 정중한 과거 표현이 됩니

다. 見ましたか는 '보았습니까?'라는 뜻으로 〜ました에 의문을 나타내는 か가 붙은

표현이에요.

○ **見(み)ませんでした** 보지 않았습니다

見(み)る(보다)와 같은 2그룹 동사는 ます형에 〜ませんでした를 붙이면 '〜하지 않았

습니다'라는 뜻의 정중한 과거 부정 표현이 됩니다.

예 見(み)る 보다 → 見(み)ませんでした 보지 않았습니다

# 02

♥
MP3_**12-02**

# 残業で、会社に いました。
잔업 으로 　　　　회사 에 　　　　　있었습니다

---

### 残業 잔업

残業(ざんぎょう)는 직역하면 '잔업', 즉 '시간 외 일'을 가리키는 말이에요.

### いました 있었습니다

いました는「い+ました」의 형태입니다. 여기서 い는 동사 いる의 ます형입니다. いる는 '(사람이나 동물이) 있다'라는 뜻의 2그룹 동사입니다. CHAPTER 9에서 공부한 います의 기본형이 바로 이 いる입니다. 그때는 아직 동사를 공부하기 전이라 います 자체를 '있습니다'라는 뜻이라고 설명했지만, 이제는 말할 수 있다! います는 2그룹 동사 いる의 정중 표현입니다. 존재를 나타내는 또 하나의 표현, CHAPTER 8에서 공부한 あります는 1그룹 동사 ある의 정중 표현이랍니다.

예 いる 있다 → います 있습니다 → いました 있었습니다

ある 있다 → あります 있습니다 → ありました 있었습니다

**문·법·콕·콕**

## 03

### 残業の 後、一杯 飲みました。
ざんぎょう / あと / いっぱい / の
잔업 (의)   후   한잔        마셨습니다

🎧 MP3_**12-03**

---

🌱
〈後(あと)의 다양한 뜻〉
1. (위치적) 뒤쪽
2. (시간상) 나중
3. 뒷일
4. 후임자
5. 후손
6. 그 외의 일

## ～の 後 ～후
あと

後(あと)는 다양한 뜻이 있는데, 여기서는 시간적으로 '나중, 다음'의 뜻으로 쓰였어요. 위치 명사 後(うし)ろ(뒤, 뒤쪽)와 헷갈리지 마세요.

## 一杯 한잔
いっぱい

一杯(いっぱい)는 여러 가지 뜻이 있는데요. 잔 수를 세는 '한 잔'을 나타내기도 하고, '술을 한잔 하다'라고 할 때의 '한잔'을 나타내기도 하며, '가득'이라는 뜻을 나타내기도 합니다. 위 문장에서는 '술을 한잔 하다'라고 할 때의 '한잔'으로 쓰였습니다. 참고로 잔 수를 세는 방법은 숫자 뒤에 杯(はい)를 붙여 주면 되는데, 앞에 오는 숫자의 발음에 따라 뒤에 붙는 杯의 발음이 달라지기도 합니다. 다음 표를 참고하세요.

| 1잔 | 2잔 | 3잔 | 4잔 | 5잔 |
|---|---|---|---|---|
| 1杯(いっぱい) | 2杯(にはい) | 3杯(さんばい) | 4杯(よんはい) | 5杯(ごはい) |
| 6잔 | 7잔 | 8잔 | 9잔 | 10잔 |
| 6杯(ろっぱい) | 7杯(ななはい) | 8杯(はっぱい) | 9杯(きゅうはい) | 10杯(じゅっぱい) |

## 飲みました 마셨습니다
の

飲(の)む(마시다)는 1그룹 동사로 어미 む를 み로 바꾸고 ました를 붙이면 정중한 과거 표현이 됩니다. 우리는 물이나 음료수도 '먹다'라고 표현하지만, 일본어에서는 飲む를 써요. 물이나 음료수는 食(た)べる가 아니라 飲む, 꼭 기억하세요. 飲む 관련 표현 중 자주 쓰는 것에 '약을 먹다'라는 뜻의 「薬(くすり)を 飲む」가 있어요. 우리는 '약을 먹다'라고 표현하지만 일본어로는 '약을 마시다'인 「薬を 飲む」라고 해요.

## 04

# おいしい もの、たくさん 食べました。
맛있는 것 많이 먹었습니다

MP3_**12-04**

### おいしい もの 맛있는 것

おいしい는 '맛있다'라는 뜻의 い형용사예요. い형용사는 명사를 수식할 때 기본형을 그대로 써요. もの는 '것, 물건'이라는 뜻의 명사예요. 구체적인 물건을 가리키는 말이죠. 따라서「おいしい もの」는 '맛있는 것'이라고 해석하면 됩니다.

### たくさん 많이

たくさん은 '많이'라는 뜻의 부사예요. たくさん을 발음할 때는 く를 약하게 발음하는 것이 포인트예요. CHAPTER 1에서 설명했던 がくせい를 발음하는 요령과 같은데요. 굳이 우리말로 쓰면 '탁상'과 비슷합니다.

### 食べました 먹었습니다

2그룹 동사 食(た)べる(먹다)의 ます형 食べ에 ～ました가 붙어서 정중한 과거 표현이 되었습니다.

예 食(た)べる 먹다 → 食(た)べました 먹었습니다

🦾 **동사의 ます형에 접속하는 표현 정리**

| 동사의 ます형 | + | ます | ～합니다 |
|---|---|---|---|
| | | ません | ～하지 않습니다 |
| | | ました | ～했습니다 |
| | | ませんでした | ～하지 않았습니다 |

## 01 　🎧 MP3_12-05

어제, 영화를 봤습니까?

昨日、映画を 見ましたか。

아니요, 보지 않았습니다.

いいえ、見ませんでした。

① 夕べ、ごはんを 食べる
② 先週、仕事を する
③ 今朝、コーヒーを 飲む
④ おととい、会社へ 行く

① 食べる
② する
③ 飲む
④ 行く

📖 단어정리
□ 夕べ 어젯밤
□ 今朝 오늘 아침
□ コーヒー 커피

## 02 　🎧 MP3_12-06

잔업으로 회사에 있었습니다.

残業で 会社に いました。

① 病気
② 風邪
③ 休み
④ セール

① 会社を 休む
② 薬を 飲む
③ うちに いる
④ スカートを 買う

📖 단어정리
□ 病気 병
□ 風邪 감기
□ 休む 쉬다
□ 買う 사다

## 03 🎧 MP3_12-07

잔업 후, 한잔 마셨습니다.

<ruby>残業<rt>ざんぎょう</rt></ruby>の <ruby>後<rt>あと</rt></ruby>、<ruby>一杯<rt>いっぱい</rt></ruby> <ruby>飲<rt>の</rt></ruby>みました。

① <ruby>仕事<rt>しごと</rt></ruby>

② <ruby>勉強<rt>べんきょう</rt></ruby>

③ <ruby>買<rt>か</rt></ruby>い<ruby>物<rt>もの</rt></ruby>

④ <ruby>山登<rt>やまのぼ</rt></ruby>り

① ごはんを <ruby>食<rt>た</rt></ruby>べる

② <ruby>映画<rt>えいが</rt></ruby>を <ruby>見<rt>み</rt></ruby>る

③ うちへ <ruby>帰<rt>かえ</rt></ruby>る

④ <ruby>一杯<rt>いっぱい</rt></ruby> <ruby>飲<rt>の</rt></ruby>む

📒 단어정리
- [ ] <ruby>買<rt>か</rt></ruby>い<ruby>物<rt>もの</rt></ruby> 쇼핑
- [ ] <ruby>山登<rt>やまのぼ</rt></ruby>り 등산

## 04 🎧 MP3_12-08

맛있는 것 많이 먹었습니다.

おいしい もの、たくさん <ruby>食<rt>た</rt></ruby>べました。

① <ruby>安<rt>やす</rt></ruby>い <ruby>服<rt>ふく</rt></ruby>

② <ruby>冷<rt>つめ</rt></ruby>たい ジュース

③ <ruby>好<rt>す</rt></ruby>きな <ruby>乗<rt>の</rt></ruby>り<ruby>物<rt>もの</rt></ruby>

④ おもしろい <ruby>映画<rt>えいが</rt></ruby>

① <ruby>買<rt>か</rt></ruby>う

② <ruby>飲<rt>の</rt></ruby>む

③ <ruby>乗<rt>の</rt></ruby>る

④ <ruby>見<rt>み</rt></ruby>る

📒 단어정리
- [ ] <ruby>服<rt>ふく</rt></ruby> 옷
- [ ] <ruby>冷<rt>つめ</rt></ruby>たい 차다
- [ ] ジュース 주스
- [ ] <ruby>乗<rt>の</rt></ruby>り<ruby>物<rt>もの</rt></ruby> 놀이기구, 탈것
- [ ] おもしろい 재미있다

➡️ 시우와 유리에가 이야기하고 있습니다.

**シウ** 昨日、映画を 見ましたか。
해석해 보기

**ゆりえ** いいえ、見ませんでした。

残業で、会社に いました。

**シウ** 残念でしたね。
안타깝네요

**ゆりえ** でも、残業の 後、一杯 飲みました。

おいしい もの、たくさん 食べました。

気持ち よかったですよ。

おまけ! 하나 더!

残念でしたね    안타깝네요

상대방이 좋지 않은 일, 원하지 않은 일을 하게 됐을 때, 위로의 말로 자주 사용합니다.

| 시우 | 어제, 영화를 봤습니까? |
|---|---|
| 유리에 | 아니요, 보지 않았습니다. |
| | 잔업으로 회사에 있었습니다. |
| 시우 | 안타깝네요. |
| 유리에 | 그래도 잔업 후, 한잔 마셨습니다. |
| | 맛있는 것 많이 먹었습니다. |
| | 기분 좋았어요. |

**단어정리**

- □ 昨日(きのう) 어제
- □ 映画(えいが) 영화
- □ 残業(ざんぎょう) 잔업
- □ 残念(ざんねん)だ 유감스럽다
- □ 後(あと) 후, 나중
- □ 一杯(いっぱい) 한잔
- □ 飲(の)む 마시다
- □ おいしい 맛있다
- □ もの 것, 물건
- □ たくさん 많이
- □ 気持(きも)ち 기분
- □ よかったです 좋았습니다

昨日、映画を 見ましたか。

いいえ、
見ませんでした。

**1** 다음 보기와 같이 질문을 만들고 답하세요.

> 보기 学校へ 行く → 昨日、学校へ 行きましたか。
> → はい、行きました。
> → いいえ、行きませんでした。

**1** コーヒーを 飲む → _____

　　→ はい、_____

**2** 映画を 見る → _____

　　→ いいえ、_____

**3** 友だちに 会う → _____

　　→ はい、_____

**2** 다음 문장을 보기와 같이 과거 정중 표현과 부정 표현으로 바꾸세요.

> 보기 朝ごはんを 食べる
> → 朝ごはんを 食べました。 / 朝ごはんを 食べませんでした。

**1** うちへ 帰る

　→ _____

**2** 勉強を する

　→ _____

**3** 本が ある

　→ _____

## 전화 매너

　일본사람은 전철 안이나 사람이 많은 곳에서는 될 수 있으면 전화를 하지 않고 전화가 와도 나중에 다시 거는데요. 이를 折り返し電話(おりかえしでんわ)라고 합니다.

　우리나라에서는 전화 통화를 끝낼 때 마지막 인사말을 한 후에 '네~'라는 말을 덧붙이고 전화를 끊는 경우가 많은데요. 일본에서는 失礼します(しつれいします)라는 말로 통화를 끝내는 경우가 많습니다. 失礼します는 '실례하겠습니다'라는 뜻이에요.

CHAPTER 10~12 **REVIEW**

## ○ 일본어 동사의 분류

| | |
|---|---|
| 1그룹 동사 | 2그룹 동사와 3그룹 동사를 제외한 모든 동사<br><br>예 行<sup>い</sup>く 가다  かかる 걸다  飲<sup>の</sup>む 마시다<br><br>＊帰<sup>かえ</sup>る 돌아가다 〈예외적 1그룹 동사〉 |
| 2그룹 동사 | 어미가 る이고 어간의 마지막 글자가 い단, え단인 동사<br><br>예 起<sup>お</sup>きる 일어나다  見<sup>み</sup>る 보다<br><br>食<sup>た</sup>べる 먹다  出<sup>で</sup>る 나가다, 나오다 |
| 3그룹 동사 | する, 来<sup>く</sup>る 단 두 개<br><br>예 する 하다  来<sup>く</sup>る 오다 |

## ○ ～ます 만들기

| | |
|---|---|
| 1그룹 동사 | 어미의 う단을 い단으로 바꾸고 ます 붙이기<br><br>예 行<sup>い</sup>く → 行<sup>い</sup>きます 갑니다<br><br>かかる → かかります 걸립니다<br><br>飲<sup>の</sup>む → 飲<sup>の</sup>みます 마십니다<br><br>＊帰<sup>かえ</sup>る → 帰<sup>かえ</sup>ります 돌아갑니다 |
| 2그룹 동사 | 어미 る를 떼고 ます 붙이기<br><br>예 起<sup>お</sup>きる → 起<sup>お</sup>きます 일어납니다<br><br>見<sup>み</sup>る → 見<sup>み</sup>ます 봅니다<br><br>食<sup>た</sup>べる → 食<sup>た</sup>べます 먹습니다<br><br>出<sup>で</sup>る → 出<sup>で</sup>ます 나갑니다, 나옵니다 |
| 3그룹 동사 | 불규칙적<br><br>예 する → します 합니다<br><br>来<sup>く</sup>る → 来<sup>き</sup>ます 옵니다 |

＊ ～ます 외에도 ～ますか, ～ません, ～ました, ～ませんでした를 붙일 수 있음.

～ます ～합니다

～ません ～하지 않습니다

～ました ～했습니다

～ませんでした ～하지 않았습니다

REVIEW TEST

정답 269p

**1** 다음 동사를 ~ます로 바꾸세요.

1 食べる → _____　　2 飲む → _____

3 行く → _____　　4 帰る → _____

5 会う → _____　　6 する → _____

7 来る → _____　　8 見る → _____

9 ある → _____　　10 いる → _____

**2** 다음 질문에 답하세요.

1 コーヒーを 飲みましたか。

→ はい、_____

2 テレビを 見ましたか。

→ いいえ、_____

3 学校へ 行きましたか。

→ はい、_____

4 友だちに 会いましたか。

→ いいえ、_____

5 日本語の 勉強を しましたか。

→ はい、_____

**3** 다음 문장을 알맞게 연결하세요.

1  昨日、映画を  •          •  いませんでした。

2  昨日、学校へ
   行きました。うちには  •    •  食べました。

3  おいしい ものを
   たくさん  •             •  会います。

4  今日、友だちに  •         •  見ました。

5  コーヒーが 好きで  •       •  飲みました。

**4** 다음 문장을 보고 맞는 것에는 ○, 틀린 것에는 ×로 표시하고 틀린 부분을 찾아 바르게 고치세요.

1  昨日、田中さんは 会社に います。(          )

2  友だちを 会いました。(          )

3  コーヒーを 食べました。(          )

4  おいしい ものを たくさん 食べました。(          )

5 一杯 飲みました。（　　　）

6 昨日、映画を 見ました。（　　　）

## 5 다음을 일본어로 바꾸세요.

1 잔업으로 회사에 있었습니다.

→ _____

2 영화를 보았습니다.

→ _____

3 일본어 공부를 했습니다.

→ _____

4 학교에 가지 않았습니다.

→ _____

5 커피를 많이 마셨습니다.

→ _____

6 어제 나는 학교에 있었습니다.

→ _____

7 가방 안에 책이 있었습니다.

→ _____

# ゆっくり 休<ruby>休<rt>やす</rt></ruby>んで ください。

동영상 강의 보기

푹 쉬세요.

 **학습목표**

- 동사의 て형 (〜하고, 〜해서)
- `동사의 て형` ください (〜해 주세요)
- `い형용사의 어간` く (〜하게)
- `な형용사의 어간` に (〜하게)

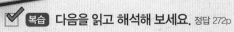 **복습** 다음을 읽고 해석해 보세요. 정답 272p

☐ 昨日<ruby>昨<rt>きの</rt>日<rt>う</rt></ruby>、映画<ruby>映<rt>えい</rt>画<rt>が</rt></ruby>を 見<ruby>見<rt>み</rt></ruby>ましたか。

☐ いいえ、見<ruby>見<rt>み</rt></ruby>ませんでした。

☐ 残業<ruby>残<rt>ざん</rt>業<rt>ぎょう</rt></ruby>で 会社<ruby>会<rt>かい</rt>社<rt>しゃ</rt></ruby>に いました。

☐ 残業<ruby>残<rt>ざん</rt>業<rt>ぎょう</rt></ruby>の 後<ruby>後<rt>あと</rt></ruby>、一杯<ruby>一<rt>いっ</rt>杯<rt>ぱい</rt></ruby> 飲<ruby>飲<rt>の</rt></ruby>みました。

☐ おいしい もの たくさん 食<ruby>食<rt>た</rt></ruby>べました。

# 01

MP3_**13-01**

## 遅く 起きて、コーヒーを 飲みました。
늦게     일어나서      커피   를     마셨습니다

---

### 遅く 늦게

遅(おそ)い는 '늦다'라는 뜻의 い형용사예요. い형용사의 어미 い를 く로 바꾸면 '~하게'라는 뜻의 부사적 표현이 됩니다.

예 遅い 늦다 → 遅く 늦게

### 起きて 일어나서

起(お)きる는 '일어나다'라는 뜻의 2그룹 동사예요. 2그룹 동사의 어미 る를 떼고 て를 붙이면 '~하고, ~해서'라는 표현이 돼요. 이처럼 동사에 て가 붙은 모습을 'て형'이라고 합니다. 起きる의 경우 起きて가 て형이 됩니다.

예 起きる 일어나다 → 起きて 일어나고, 일어나서

#### 2그룹 동사의 て형

어미 る 탈락＋て

예 起きる 일어나다 → 起きて 일어나고, 일어나서

食べる 먹다 → 食べて 먹고, 먹어서

### コーヒーを 飲みました 커피를 마셨습니다

コーヒー는 '커피'를 가리키는 말이에요. 커피는 외래어이므로 가타카나로 적어요. 우리말의 '커피'와 발음이 많이 다르니 주의하세요. 飲(の)む는 1그룹 동사이므로 飲みました(마셨습니다)가 됩니다.

## 02

MP3_**13-02**

# 静かに 本を 読んで、映画を 見ました。
조용히　　　책 을　　　읽고　　　영화 를　　　봤습니다

○ **静かに** 조용히

静(しず)かだ는 '조용하다'라는 뜻의 な 형용사예요. な 형용사는 어미 だ를 に로 바꾸면 '~하게'라는 뜻의 부사적 표현이 돼요.

예) **静かだ** 조용하다 → **静かに** 조용히

3그룹 동사는 활용이 불규칙적이므로 무조건 외워야 하고, 발음 변화에 주의해야 합니다.
예) する 하다
　→ して 하고, 해서
　来(く)る 오다
　→ 来(き)て
　　오고, 와서

○ **読んで** 읽고, 읽어서

読(よ)んで는 1그룹 동사 読む(읽다)의 て형입니다. て형이지만 て가 아니라 で가 붙은 것은 발음을 편하게 하기 위해서예요. 뜻은 똑같이 '~하고, ~해서'입니다. 1그룹 동사는 발음을 편하게 하기 위해 て 또는 で가 붙는데요. 이에 대해 자세히 알아봅시다.

**1그룹 동사의 て형** 어미의 종류에 따라 달라져요.

| 어미가 く | く 떼고 いて 붙이기 | 書く 쓰다 → 書いて 쓰고, 써서<br>＊예외) 行く 가다 → 行って 가고, 가서 |
|---|---|---|
| 어미가 ぐ | ぐ 떼고 いで 붙이기 | 泳ぐ 헤엄치다 → 泳いで 헤엄치고, 헤엄쳐서 |
| 어미가<br>う, つ, る | う, つ, る 떼고 って 붙이기 | 買う 사다 → 買って 사고, 사서<br>待つ 기다리다 → 待って 기다리고, 기다려서<br>かかる 걸리다 → かかって 걸리고, 걸려서 |
| 어미가<br>ぬ, ぶ, む | ぬ, ぶ, む 떼고 んで 붙이기 | 死ぬ 죽다 → 死んで 죽고, 죽어서<br>遊ぶ 놀다 → 遊んで 놀고, 놀아서<br>飲む 마시다 → 飲んで 마시고, 마셔서 |
| 어미가 す | す 떼고 して 붙이기 | 話す 이야기하다 → 話して 이야기하고, 이야기해서 |

# 03

## 午後は 買い物に 行きました。
오후 에는 쇼핑 하러 갔습니다

MP3_**13-03**

---

### 買い物 쇼핑

買(か)い物(もの)는 '쇼핑'이라는 뜻의 명사예요. 買い物는 동작성 명사인데요. 동작성

명사는 する(하다)를 붙여 동사를 만들 수 있는 명사예요. '공부'라는 뜻의 勉強(べんきょ

う), '일, 업무'라는 뜻의 仕事(しごと) 등이 대표적인 동작성 명사예요.

(예) 買い物 쇼핑 + する 하다 → 買い物する 쇼핑하다

　　勉強 공부 + する 하다 → 勉強する 공부하다

　　仕事 일 + する 하다 → 仕事する 일하다

### ～に 行きました 갔습니다

買(か)い物(もの)와 같은 동작성 명사 뒤에 「～に 行(い)く」가 오면 '~하러 가다'라는 뜻

이 돼요. 자주 쓰는 표현이니 꼭 알아 두세요.

(예) 買い物に 行く 쇼핑하러 가다

　　勉強に 行く 공부를 하러 가다

　　仕事に 行く 일을 하러 가다

 단어정리

午後(ごご) 오후

# 04

MP3_ **13-04**

# それじゃ ゆっくり 休んで ください。
그럼 　　　　　푹 　　　　　　쉬세요

---

**それじゃ** 그러면, 그림

상대방의 이야기를 듣고 결론까지는 아니더라도 자신의 의견으로 마무리를 하겠다는 의미가 담겨 있습니다. 그것에서라고 할 수도 있어요.

**ゆっくり** 푹, 천천히

ゆっくり는 '푹'이라는 뜻일 때는 休(やす)む(쉬다)와 함께 잘 쓰이고, '천천히'라는 뜻일 때는 歩(ある)く(걷다), 話(はな)す(말하다) 등과 쓰입니다.

例 ゆっくり 休む 푹 쉬다
　　ゆっくり 歩く 천천히 걷다
　　ゆっくり 話す 천천히 말하다

**休んで ください** 쉬세요

休(やす)む(쉬다)는 1그룹 동사예요. 어미가 む이므로 む를 떼고 んで를 붙여서 て형이 되었습니다.

例 休む 쉬다 → 休んで 쉬고, 쉬어서

동사의 て형에 '주세요'라는 뜻의 ください를 붙이면 '~해 주세요'라는 의뢰 표현이 돼요. 「休んで ください」라고 하면 '쉬어 주세요, 쉬세요'라는 뜻이 되는 거죠.

## 01 🎧 MP3_13-05

늦게 일어나서 커피를 마셨습니다.

遅く 起きて、コーヒーを 飲みました。

- ① 早い
- ② 遅い
- ③ おもしろい
- ④ 安い

- ① 食べる
- ② 帰る
- ③ 遊ぶ
- ④ 買う

📖 단어정리

- ☐ 遊ぶ 놀다
- ☐ 買う 사다
- ☐ 帰る 돌아가다(예외적 1그룹 동사)

## 02 🎧 MP3_13-06

조용히 책을 읽고 영화를 봤습니다.

静かに 本を 読んで、映画を 見ました。

- ① まじめだ
- ② 熱心だ
- ③ 親切だ
- ④ 静かだ

- ① 勉強する
- ② 運動する
- ③ 教える
- ④ 座る

📖 단어정리

- ☐ まじめだ 성실하다, 착실하다
- ☐ 熱心だ 열심이다
- ☐ 運動する 운동하다
- ☐ 親切だ 친절하다
- ☐ 教える 가르치다
- ☐ 座る 앉다

## 03 🎧 MP3_13-07

오후에는 쇼핑하러 갔습니다.

# 午後は 買い物に 行きました。

① 仕事

② ショッピング

③ 散歩

④ 山登り

📖 단어정리

□ ショッピング 쇼핑
□ 散歩 산책

## 04 🎧 MP3_13-08

그러면 천천히 쉬세요.

# それじゃ ゆっくり 休んで ください。

① 食べる

② 飲む

③ 寝る

④ する

➡️ 시우와 유리에가 이야기하고 있습니다.

シウ   今日、何を しました か。
（해석해 보기 ✏️）

ゆりえ   遅く 起きて、コーヒーを 飲みました。それから
静かに 本を 読んで、テレビで 映画を 見ました。
午後は 買い物に 行きました。

シウ   そうですか。明日の ため 早く 寝て ください。

ゆりえ   はい、早く 寝ます。

シウ   それじゃ ゆっくり 休んで ください。

### 〜の ため  〜을/를 위해

명사 뒤에 붙어 '〜을/를 위해'라는 뜻을 나타냅니다.

### 早く 寝ます  빨리 잡니다, 빨리 잘 겁니다

동사에 〜ます가 붙으면 '〜합니다'라는 뜻 외에, '〜할 겁니다'라는 가까운 미래를 나타내기도 합니다.

| 시우 | 오늘, 무엇을 했습니까? |
|---|---|
| 유리에 | 늦게 일어나서 커피를 마셨습니다. |
| | 그리고 나서 조용히 책을 읽고, |
| | 텔레비전으로 영화를 봤습니다. |
| | 오후에는 쇼핑 하러 갔습니다. |
| 시우 | 그렇군요. 내일을 위해 빨리 자요. |
| 유리에 | 네, 빨리 잘 겁니다. |
| 시우 | 그럼 푹 쉬세요. |

### 📚 단어정리

- □ 遅く 늦게
- □ コーヒー 커피
- □ 静かに 조용히, 조용하게
- □ 読む 읽다
- □ ～で ～(으)로 〈수단, 도구〉
- □ 午後 오후
- □ 買い物 쇼핑
- □ ～に 行く ～하러 가다
- □ 明日 내일
- □ ～の ため ～을 위해
- □ 早く 빨리
- □ 寝る 자다
- □ ～て ください ～해 주세요
- □ それじゃ 그럼
- □ ゆっくり 푹, 천천히
- □ 休む 쉬다

今日、何を しましたか。

買い物に 行きました。

**1** 다음 보기와 같이 질문을 만들고 답하세요.

> 보기 遅い / 寝る → 遅く 寝ましたか。
> → はい、遅く 寝ました。
> → いいえ、遅く 寝ませんでした。

**1** おいしい / 食べる → _____

　　→ はい、_____

**2** まじめだ / 勉強する → _____

　　→ はい、_____

**3** 静かだ / いる → _____

　　→ いいえ、_____

**2** 다음 문장을 보기와 같이 바꾸세요.

> 보기 ごはんを 食べる / テレビを 見る
> → ごはんを 食べて テレビを 見ました。

**1** 昨日、友だちに 会う / コーヒーを 飲む

　　→ _____

**2** 昨日、うちへ 帰る / 勉強を する

　　→ _____

**3** 昨日、本を 読む / 遅く 寝る

　　→ _____

## 왁자지껄 일본 이야기

### 역 스탬프

　일본의 기차역이나 전철역 등에는 기념 스탬프가 있는 곳이 많은데요. 특히 관광객이 많이 찾는 지역의 전철역에는 대부분 기념 스탬프가 있습니다. 사람들 눈에 띄는 곳에 설치되어 있는 경우도 있고, 역무원에게 건네 받아야 하는 경우도 있습니다. 스탬프가 보이지 않거나 있는지 없는지 알 수 없을 때는 역무원에게 「駅のスタンプ、ありますか。」라고 물어보면 됩니다. 일본 여행을 가면 꼭 한번 역 스탬프를 찍어 보세요. 즐거운 추억이 될 겁니다.

# なに
# 何を　して
# いますか。

## 무엇을 하고 있습니까?

### 📖 학습목표

- 동사의 て형 **います** (~하고 있습니다)
- 동사의 ます형 **ませんか** (~하지 않겠습니까?)
- 동사의 ます형 **ましょう** (~합시다)

✅ 복습 **다음을 읽고 해석해 보세요.** 정답 272p

☐ 遅く 起きて、コーヒーを 飲みました。

☐ 静かに 本を 読んで、映画を 見ました。

☐ 午後は 買い物に 行きました。

☐ それじゃ ゆっくり 休んで ください。

여보세요.

유리에 씨, 김시우예요.

아, 시우 씨. 어쩐 일이에요?

지금 뭐 해요? 바빠요?

아뇨. 지금 음악 듣고 있어요.

그래요? 그럼, 공원에 가지 않을래요?
지금, 공원에서 유명한 가수가
노래를 부르고 있어요.

지금 가면 길이 밀리지 않을까요?

여자는 외출 준비하는데 시간이 많이 걸린다구!

괜찮아요! 갑시다!

남자 답게 밀어 붙이자!

# 01

MP3_14-01

## 音楽を 聞いて います。
음악  을    듣고    있습니다

---

○ **聞いて います** 듣고 있습니다

聞(き)く는 어미가 く이므로 1그룹 동사입니다. 뜻은 두 가지가 있는데, '(이야기나 소리를) 듣다'라는 뜻이 있고, '묻다, 질문하다'라는 뜻이 있습니다. 여기서는 '듣다'라는 뜻으로 쓰였네요.

<예> 話を 聞く 이야기를 듣다
　　 道を 聞く 길을 묻다

聞く는 어미가 く인 1그룹 동사이므로, て형을 만들 때는 어미 く를 떼고 いて를 붙이면 됩니다. 따라서 동사 聞く의 て형은 聞いて가 됩니다. 뜻은 '듣고, 들어서'가 되겠죠. 위 문장에서와 같이 동사의 て형에 いる가 붙어「～て いる」의 형태가 되면 '~하고 있다'라는 동작의 진행을 나타내는 표현이 됩니다. います는 いる에 ます가 붙은 표현이라는 것도 다시 한번 확인해 두세요.

<예> 聞く 듣다 → 聞いて 듣고 → 聞いて いる 듣고 있다
　　 → 聞いて います 듣고 있습니다

---

📖 단어정리
音楽(おんがく) 음악
話(はなし) 이야기
道(みち) 길

## 02

こう えん　　　い
# 公園へ 行きませんか。
공원　　에　　　　　가지 않겠습니까?

🎧 MP3_14-02

---

い
### ○ 行きませんか 가지 않겠습니까?

行(い)きませんか는 「行き＋ませんか」의 형태로, 行き는 동사 行く의 ます형이고
～ませんか는 '～하지 않겠습니까?'라는 표현입니다. 이처럼 동사의 ます형에 ～ま
せんか를 붙이면 부정 의문문이 되는데, 부정 의문문은 상대방의 의향을 묻거나 제안
을 하는 표현이라고 이해하면 돼요.

예 行く 가다 → 行きます 갑니다 → 行きませんか 가지 않겠습니까?

行きませんか에 대한 답은 우리말의 방식과 비슷해요.

こうえん　い
예 A 公園へ 行きませんか。 공원에 가지 않겠습니까?

い
B₁ はい、行きません。 네, 가지 않겠습니다.

い
B₂ いいえ、行きます。 아니요, 가겠습니다.

---

📚 단어정21
公園(こうえん) 공원

## 03

MP3_**14-03**

# 今、公園で 歌を 歌って います。
### いま こう えん うた うた
지금　　　공원　에서　노래 를　　부르고　　　있습니다

---

**今** <sup>いま</sup> 지금

今(いま)는 '지금'이라는 뜻으로「〜て いる」(〜하고 있다)와 함께 자주 사용됩니다.

**公園で** <sup>こう えん</sup> 공원에서

〜で(에서)는 장소를 나타냅니다. 〜で의 여러 가지 의미를 정리하면 다음과 같아요.

조사 〜で

1. 〜해서 〈원인, 이유〉　　　セールで 休みです。 세일이라서 휴일입니다.

2. 〜에, 〜해서 〈수량, 범위〉　三つで 千円です。 세 개 해서 1,000엔입니다.

3. 〜(으)로 〈수단, 도구〉　　　テレビで 映画を 見ます。 텔레비전으로 영화를 봅니다.

4. 〜에서 〈장소〉　　　　　　会社で 仕事を します。 회사에서 일을 합니다.

**歌を 歌って います** <sup>うた うた</sup> 노래를 부르고 있습니다

「歌(うた)を 歌(うた)う」는 '노래를 부르다'라는 뜻인데요. 숙어처럼 암기해 두세요. '노래하다'라는 뜻의 1그룹 동사 歌う를「〜て います」로 표현하려면 우선 歌う를 て형으로 바꾸고 います를 붙여서「歌って います」라고 하면 됩니다.

예 歌う 노래하다 → 歌って 노래하고 → 歌って います 노래하고 있습니다

# 04

## 大丈夫<sub>だいじょうぶ</sub>ですよ。行<sub>い</sub>きましょう。
괜찮아요          갑시다

---

○ **大丈夫<sub>だいじょうぶ</sub>ですよ** 괜찮아요

大丈夫(だいじょうぶ)だ는 '괜찮다'라는 뜻의 な형용사예요. 따라서 정중 표현은 大丈夫

です가 됩니다.

○ **行<sub>い</sub>きましょう** 갑시다

行(い)く (가다)의 ます형에 ましょう를 붙이면 '갑시다'라는 뜻이 됩니다.

~ましょう는 '~합시다'라는 뜻으로 동사의 ます형에 접속하고, 권유나 제안을 할 때

사용합니다.

예 行く 가다 → 行きましょう 갑시다

🔦 ~ましょう와 ~ませんか

~ませんか는 '~하지 않겠습니까?'라는 뜻의 부정 의문문이지만, 제안이나 권유를 나타낸다

는 것, 앞에서 배웠죠? ~ましょう는 '~합시다'라는 뜻으로 역시 제안이나 권유를 나타내요.

~ませんか는 ~ましょう보다 상대방의 의향을 더 살핀다고 볼 수 있고, ~ましょう는 말

하는 사람의 주장을 담아서 상대방에게 권유하는 의미가 더 강하다고 볼 수 있습니다.

## 01 🎧 MP3_14-05

음악을 듣고 있습니다.

# 音楽を 聞いて います。

① 歌を 歌う

② 道が 混む

③ テレビを 見る

④ 勉強を する

📖 단어정리

□ 混む 붐비다

## 02 🎧 MP3_14-06

공원에 가지 않겠습니까?

# 公園へ 行きませんか。

① 音楽を 聞く

② 歌を 歌う

③ テレビを 見る

④ 勉強を する

정답 264p

## 03

🎧 MP3_ **14-07**

지금, 공원에서 노래를 부르고 있습니다.

今、公園で 歌を 歌って います。
<small>いま こう えん うた うた</small>

① 部屋
<small>へ や</small>

② コーヒーショップ

③ 映画館
<small>えい が かん</small>

④ 学校
<small>がっ こう</small>

① 音楽を 聞く
<small>おん がく き</small>

② コーヒーを 飲む
<small>の</small>

③ 映画を 見る
<small>えい が み</small>

④ 友だちに 会う
<small>とも あ</small>

📖 단어정리

☐ **コーヒーショップ** 커피숍
☐ **映画館** 영화관
<small>えい が かん</small>

## 04

🎧 MP3_ **14-08**

괜찮아요. 갑시다.

大丈夫ですよ。行きましょう。
<small>だいじょう ぶ い</small>

① 飲む
<small>の</small>

② する

③ 食べる
<small>た</small>

④ 帰る
<small>かえ</small>

🎧 MP3_**14-09** MP3_**14-10**

➡️ 시우와 유리에가 이야기하고 있습니다.

シウ　ゆりえさん、今 何を して いますか。

　해석해 보기

ゆりえ　音楽を 聞いて います。

シウ　そうですか。公園へ 行きませんか。

　　　今、公園で 有名な 歌手が 歌を 歌って います。

ゆりえ　今、道が 混んで いませんか。

シウ　大丈夫ですよ。行きましょう。

| 시우 | 유리에 씨. 지금 무엇을 하고 있습니까? |
| 유리에 | 음악을 듣고 있습니다. |
| 시우 | 그렇군요. 공원에 가지 않겠습니까?<br>지금, 공원에서 유명한 가수가 노래를 부르고<br>있습니다. |
| 유리에 | 지금 길이 밀리고 있지 않나요? |
| 시우 | 괜찮아요. 갑시다. |

### 단어정리

- [ ] 今 지금
- [ ] 音楽 음악
- [ ] 聞く 듣다
- [ ] 公園 공원
- [ ] ～ませんか ～하지 않겠습니까?
- [ ] 有名だ 유명하다
- [ ] 歌手 가수
- [ ] 歌 노래
- [ ] 歌う (노래를) 부르다
- [ ] 道が 混む 길이 밀리다, 길이 붐비다
- [ ] 大丈夫だ 괜찮다
- [ ] ～ましょう ～합시다

何を して いますか。

音楽を 聞いて います。

## 문·제·척·척

정답 267p

**1** 다음 질문에 보기와 같이 답하세요.

> 보기 今日は 会社へ 行きませんか。
> きょう　　かいしゃ　　　い
> → はい、行きません。/ いいえ、行きます。
> 　　　　　　い　　　　　　　　　　　　　い

**1** コーヒーは 飲みませんか。
　　　　　　　の

　　→ いいえ、_____

**2** 今日は 友だちに 会いませんか。
　　きょう　　とも　　　あ

　　→ いいえ、_____

**3** 映画は 見ませんか。
　　えいが　　み

　　→ はい、_____


**2** 다음을 보기와 같이 바꾸세요.

> 보기 日本語の 勉強を する
> に ほん ご　　べんきょう
> → 日本語の 勉強を して います。
> 　　に ほん ご　　べんきょう

**1** 本を 読む
　　ほん　よ

　　→ _____

**2** 朝ごはんを 食べる
　　あさ　　　　　た

　　→ _____

**3** 歌を 歌う
　　うた　うた

　　→ _____

## 일본의 온천

　일본 하면 떠오르는 것 중 대표적인 것이 바로 '온천'이지요. 일본의 유명 온천을 소개합니다. 마음에 드는 곳으로 여행 한번 다녀오시는 건 어떤가요?

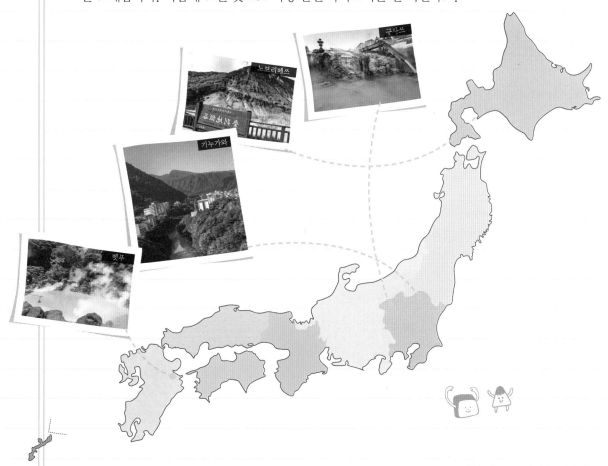

# はな話しても いいです。

이야기해도 됩니다.

📖 학습목표

- 동사의 て형 も いいです (~해도 됩니다)
- 동사의 て형 は いけません (~해서는 안 됩니다)

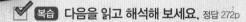

✓ 복습 다음을 읽고 해석해 보세요. 정답 272p

☐ おんがく音楽を き聞いて います。

☐ こうえん公園へ い行きませんか。

☐ いま今、こうえん公園で うた歌を うた歌って います。

☐ だいじょうぶ大丈夫ですよ。 い行きましょう。

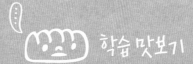

이 박물관에서는 다음 사항을 지켜 주세요.

작은 소리로는 이야기해도 됩니다.
사진을 찍어도 됩니다.

그래요? 사진 찍어도 된다고요?

네, 그렇습니다.

그럼 그림을 만져 보는
것도 되나요?

아니요, 그림을 만져서는 안 됩니다.
그리고, 뛰어다니시면 안 됩니다.

역시 박물관. 해서는 안 되는 게 많네요.

알았습니다. 음식물도 먹어서는 안 되는 거겠지요.

네, 그렇습니다. 그럼 들어가세요.

# 01

MP3_15-01

# 小さい 声では 話しても いいです。
작은　목소리　로　는　　　이야기해도　　　　됩니다

## 小さい 声では 작은 목소리로는

小(ちい)さい(작다)는 い형용사예요. 뒤에 오는 명사를 수식할 때는 기본형 小さい를 그대로 씁니다.

声(こえ)는 사람의 목소리입니다. 사물에서 나는 소리는 音(おと)라고 해요. ～では는 '～(으)로는'이라는 뜻으로, 수단, 도구를 나타내는 で에 '～은/는'이라는 뜻의 조사 は가 붙은 형태예요.

例) 小さい 작다 → 小さい 声 작은 목소리

## 話しても いいです 이야기해도 됩니다

話(はな)す(이야기하다)는 1그룹 동사입니다. 어미가 す인 동사는 す를 して로 바꾸면 て형이 됩니다. 그 뒤에 「～も いいです」를 붙여서 「～ても いいです」의 형태가 되면 '～해도 됩니다'라는 허가, 허락의 표현이 됩니다.

例) 話す 이야기하다 → 話して 이야기하여 → 話しても いいです 이야기해도 됩니다
写真を 撮る 사진을 찍다 → 写真を 撮って 사진을 찍어
→ 写真を 撮っても いいです 사진을 찍어도 됩니다

 단어정리
写真(しゃしん) 사진
撮(と)る (사진을) 찍다

238

## 02

🎧
MP3_**15-02**

# 絵に 触っても いいですか。
え　　さわ
그림　　을 만져도　　　　　됩니까?

---

### 触っても いいですか 만져도 됩니까?
さわ

触(さわ)って의 기본형은 触る입니다. 触る는 어미가 る이고 어간의 마지막 글자가 わ, 즉 あ단이므로 1그룹 동사입니다. 1그룹 동사의 て형은 어미에 따라 달라지는데 触る의 어미는 る이므로 触って가 되지요. 따라서 '만져도 됩니까?'는 「触っても いいですか」가 됩니다.

### ～に 触る ～을/를 만지다
さわ

「～に 触(さわ)る」는 '～을 만지다' 또는 '～에 손대다'라는 뜻입니다. '～을 만지다'라고 해석한다고 해서「～を 触る」라고 하지 않도록 합니다.

📚 단어정리
絵(え) 그림

## 03

🎧 MP3_15-03

# そして 走っては いけません。
그리고　　　　　뛰어서는　　　　　안 됩니다

---

**そして** 그리고

첨가, 첨부를 나타내는 접속사입니다.

**走っては いけません** 뛰어서는 안 됩니다

走(はし)る는 '달리다, 뛰다'라는 뜻의 1그룹 동사입니다. 走る는 2그룹 동사와 같은 형태이지만 예외적 1그룹 동사입니다. 따라서 て형은 はして가 아니라 はしって가 됩니다. 「～ては いけません」은 '～해서는 안 됩니다'라는 금지를 나타내는 표현입니다.

🗨 走る 달리다 → 走って 달리고 → 走っては いけません 달려서는 안 됩니다

> 「～ては いけません」은
> 「～ては だめです」라고
> 도 할 수 있어요. だめで
> す는 '안 되다'라는 뜻의
> な형용사 だめだ의 정중
> 표현입니다.
> 走っては いけません
> ＝走っては だめです

🦶 **허락을 구하는 의문문 표현**

A ～ても いいですか。～해도 됩니까?

B₁ はい、～ても いいです。네, ～해도 됩니다.

B₂ いいえ、～ては いけません。아니요, ～해서는 안 됩니다.

🗨 A 肉を 食べても いいですか。고기를 먹어도 됩니까?

B₁ はい、肉を 食べても いいです。네, 고기를 먹어도 됩니다.

B₂ いいえ、肉を 食べては いけません。아니요, 고기를 먹어서는 안 됩니다.

# 食べ物を 食べては いけません。
음식 을 먹어서는 안 됩니다

🎧 MP3_**15-04**

### 食べ物 음식
食(た)べる(먹다)라는 동사와 物(もの)(것, 물건)라는 명사로 만들어진 합성어입니다. 飲(の)み物(もの)도 함께 알아 두세요. '마실 것'이라는 뜻이에요.

### 食べては いけません 먹어서는 안 됩니다
食(た)べる는 2그룹 동사이므로 て형은 食べて가 되고, 그 뒤에 금지 표현을 쓰면「食べては いけません」이 됩니다.

📝 食(た)べる 먹다 → 食(た)べて 먹고, 먹어서 → 食(た)べては いけません 먹어서는 안 됩니다

📌 食べては だめですら고 할 수도 있습니다.

## 01 🎧 MP3_15-05

작은 목소리로는 이야기해도 됩니다.

小<sub>ちい</sub>さい 声<sub>こえ</sub>では **話<sub>はな</sub>しても** いいです。

① 読<sub>よ</sub>む

② 歌<sub>うた</sub>う

③ 話<sub>はな</sub>し合<sub>あ</sub>う

④ 遊<sub>あそ</sub>ぶ

📖 단어정리

□ 話<sub>はな</sub>し合<sub>あ</sub>う 서로 이야기하다

## 02 🎧 MP3_15-06

그림을 만져도 됩니까?

絵<sub>え</sub>に **触<sub>さわ</sub>っても** いいですか。

① 本<sub>ほん</sub>を 読<sub>よ</sub>む

② 歌<sub>うた</sub>を 歌<sub>うた</sub>う

③ うちへ 帰<sub>かえ</sub>る

④ 早<sub>はや</sub>く 寝<sub>ね</sub>る

## 03 🎧 MP3_15-07

그리고 뛰어서는 안 됩니다.

そして <ruby>走<rt>はし</rt></ruby>っては いけません。

① <ruby>帰<rt>かえ</rt></ruby>る

② <ruby>歌<rt>うた</rt></ruby>う

③ <ruby>読<rt>よ</rt></ruby>む

④ <ruby>話<rt>はな</rt></ruby>す

## 04 🎧 MP3_15-08

음식을 먹어서는 안 됩니다.

<ruby>食<rt>た</rt></ruby>べ<ruby>物<rt>もの</rt></ruby>を <ruby>食<rt>た</rt></ruby>べては いけません。

① <ruby>映画<rt>えいが</rt></ruby>を <ruby>見<rt>み</rt></ruby>る

② <ruby>友<rt>とも</rt></ruby>だちに <ruby>会<rt>あ</rt></ruby>う

③ <ruby>買<rt>か</rt></ruby>い<ruby>物<rt>もの</rt></ruby>を する

④ コーヒーを <ruby>飲<rt>の</rt></ruby>む

➡️ 시우와 유리에가 박물관을 방문했습니다.

スタッフ この 博物館では 小さい 声では
해석해 보기

話しても いいです。写真を 撮っても いいです。

シウ そうですか。絵に 触っても いいですか。

スタッフ いいえ、絵に 触っては いけません。

そして 走っては いけません。

ゆりえ わかりました。食べ物は 食べては いけませんね。

スタッフ はい、そうです。それじゃ 入って ください。

| 스태프 | 이 박물관에서는 작은 목소리로는<br>이야기해도 됩니다. 사진을 찍어도 됩니다. |
|---|---|
| 시우 | 그렇군요. 그림을 만져도 됩니까? |
| 스태프 | 아니요, 그림을 만져서는 안 됩니다.<br>그리고 뛰어서는 안 됩니다. |
| 유리에 | 알겠습니다. 음식은 먹어서는 안 되겠지요. |
| 스태프 | 네, 그렇습니다. 그럼 들어가세요. |

### 단어정리

□ **スタッフ** 스태프
□ **博物館**(はくぶつかん) 박물관
□ **小さい**(ちい) 작다
□ **声**(こえ) 목소리
□ **話す**(はな) 이야기하다, 말하다
□ **〜ても いいです** 〜해도 됩니다
□ **写真**(しゃしん) 사진
□ **撮る**(と) (사진을) 찍다
□ **絵**(え) 그림
□ **触る**(さわ) 만지다
□ **〜に 触る**(さわ) 〜을/를 만지다
□ **〜ては いけません** 〜해서는 안 됩니다
□ **そして** 그리고
□ **走る**(はし) 달리다, 뛰다
□ **わかる** 알다
□ **食べ物**(た)(もの) 음식
□ **入る**(はい) 들어가다, 들어오다
□ **〜て ください** 〜해 주세요

話しても いいですか。

はい、話しても いいです。

**1** 보기와 같이 질문을 만들고 답하세요.

> 보기 写真を 撮る → 写真を 撮っても いいですか。
>
> → はい、写真を 撮っても いいです。
>
> → いいえ、写真を 撮っては いけません。

**1** うちへ 帰る → _____

　　　 → はい、_____

**2** 肉を 食べる → _____

　　　 → いいえ、_____

**3** 本を 読む → _____

　　　 → はい、_____

**2** 다음을 일본어로 바꾸세요.

**1** 사진을 찍어도 됩니다.

　　→ _____

**2** 음식을 먹어서는 안 됩니다.

　　→ _____

**3** 이야기해도 됩니다.

　　→ _____

## 왁자지껄 일본 이야기

### 병원

일본 병원에 가면 우선 의사에게 どうしんたんですか라는 말을 듣게 됩니다. '어디가 아픕니까?'라고 이해하시면 됩니다. 그리고 병원을 나올 때 お大事<sup>だいじ</sup>に라는 말을 들을 수 있는데요. 빠른 쾌유를 빈다는 인사말입니다.

병원 진료 후 처방전을 들고 약국으로 가면 약을 받을 수 있습니다. お薬手帳<sup>くすりてちょう</sup>라는 약수첩이 있어서 본인이 먹은 약을 기록해 주는데요. 약의 복용이력, 앓았던 병, 알레르기 등도 함께 기록되어 있어 의료기관 이용 시에 활용됩니다.

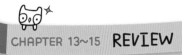
## ○ 형용사의 부사적 표현

| 품사 | 기본형 | 부사적 표현 |
|---|---|---|
| い형용사 | 遅い 늦다<br><sub>おそ</sub> | 遅く 늦게<br><sub>おそ</sub> |
| な형용사 | 静かだ 조용하다<br><sub>しず</sub> | 静かに 조용히<br><sub>しず</sub> |

## ○ 동사의 て형

| | | | |
|---|---|---|---|
| 1그룹 동사 | 어미가 く | く 떼고<br>いて 붙이기 | 書く → 書いて 쓰고, 써서<br>＊예외) 行く → 行って 가고, 가서 |
| | 어미가 ぐ | ぐ 떼고<br>いで 붙이기 | 泳ぐ → 泳いで 헤엄치고, 헤엄쳐서 |
| | 어미가<br>う, つ, る | う, つ, る 떼고<br>って 붙이기 | 買う → 買って 사고, 사서<br>待つ → 待って 기다리고, 기다려서<br>かかる → かかって 걸리고, 걸려서 |
| | 어미가<br>ぬ, ぶ, む | ぬ, ぶ, む 떼고<br>んで 붙이기 | 死ぬ → 死んで 죽고, 죽어서<br>遊ぶ → 遊んで 놀고, 놀아서<br>飲む → 飲んで 마시고, 마셔서 |
| | 어미가 す | す 떼고<br>して 붙이기 | 話す → 話して 이야기하고, 이야기해서 |
| 2그룹 동사 | 어미 る를 떼고 て 붙이기 | | 見る → 見て 보고, 봐서<br>食べる → 食べて 먹고, 먹어서 |
| 3그룹 동사 | 불규칙적 | | する → して 하고, 해서<br>来る → 来て 오고, 와서 |

＊ て형 뒤에는 다양한 말을 붙일 수 있음.

～ください ～해 주세요

～います ～하고 있습니다

～も いいです ～해도 됩니다

～は いけません ～해서는 안 됩니다

## 1 다음 동사를 て형으로 바꾸세요.

1 帰る → _____

2 見る → _____

3 話す → _____

4 会う → _____

5 行く → _____

6 聞く → _____

7 待つ → _____

8 する → _____

9 来る → _____

10 飲む → _____

## 2 다음 문장을 「～て ください」로 바꾸세요.

1 早く 起きます。 → _____

2 静かに 話します。 → _____

3 本を 読みます。 → _____

4 うちへ 帰ります。 → _____

5 早く 寝ます。 → _____

## 3 다음 질문에 답하세요.

1 今、帰っても いいですか。

→ はい、_____

2 歌を 歌っても いいですか。

→ いいえ、_____

3 映画を 見ても いいですか。

→ いいえ、_____

4 友だちと 話しても いいですか。

→ はい、_____

5 音楽を 聞いても いいですか。

→ はい、_____

4 다음 문장을 「~て います」로 바꾸세요.

1 コーヒーを 飲む → _____

2 友だちを 待つ → _____

3 日本語の 勉強を する → _____

4 ごはんを 食べる → _____

5 写真を 撮る → _____

5 다음 문장을 보기와 같이 연결하세요.

보기 友だちに 会います。/ 映画を 見ます。
→ 友だちに 会って 映画を 見ます。

1 ごはんを 食べます。/ コーヒーを 飲みます。

  → _____

2 勉強を します。/ 音楽を 聞きます。

  → _____

3 本を 読みます。/ 友だちに 会います。

  → _____

**6** 다음을 일본어로 바꾸세요.

1 아침에 일어나서 밥을 먹습니다.

  → _____

2 사진을 찍으면 안 됩니다.

  → _____

3 책을 읽어도 됩니다.

  → _____

4 빨리 일어나세요.

  → _____

5 쇼핑하러 갑니다.

  → _____

부록

## ◦ い형용사 활용

| 기본형 | い<br>~다<br>현재 긍정 | く ない<br>~지 않다<br>현재 부정 | かった<br>~었다<br>과거 긍정 | く なかった<br>~지 않았다<br>과거 부정 | い<br>~한<br>명사 수식 | くて<br>~고, ~서<br>연결 표현 | く<br>~게<br>부사적 |
|---|---|---|---|---|---|---|---|
| 安い<br>싸다 | 安い | 安くない | 安かった | 安く なかった | 安い | 安くて | 安く |
| 高い<br>비싸다, 높다 | 高い | 高くない | 高かった | 高く なかった | 高い | 高くて | 高く |
| 多い<br>많다 | 多い | 多くない | 多かった | 多く なかった | 多い | 多くて | 多く |
| 少ない<br>적다 | 少ない | 少なく ない | 少なかった | 少なく なかった | 少ない | 少なくて | 少なく |
| おいしい<br>맛있다 | おいしい | おいしく ない | おいしかった | おいしく なかった | おいしい | おいしくて | おいしく |
| *いい<br>좋다 | いい | よく ない | よかった | よく なかった | いい | よくて | よく |

## ◦ い형용사 정중 표현

| 기본형 | いです<br>~입니다<br>현재 긍정 | く ありません<br>~지 않습니다<br>현재 부정 | かったです<br>~었습니다<br>과거 긍정 | く ありませんでした<br>~지 않았습니다<br>과거 부정 |
|---|---|---|---|---|
| 安い<br>싸다 | 安いです | 安く ありません | 安かったです | 安く ありませんでした |
| 高い<br>비싸다, 높다 | 高いです | 高く ありません | 高かったです | 高く ありませんでした |
| 多い<br>많다 | 多いです | 多く ありません | 多かったです | 多く ありませんでした |
| 少ない<br>적다 | 少ないです | 少なく ありません | 少なかったです | 少なく ありませんでした |
| おいしい<br>맛있다 | おいしいです | おいしく ありません | おいしかったです | おいしく ありませんでした |
| *いい<br>좋다 | いいです | よく ありません | よかったです | よく ありませんでした |

## な형용사 활용

| 기본형 | ~だ<br>~다<br>현재 긍정 | ~じゃ ない<br>~지 않다<br>현재 부정 | ~だった<br>~었다<br>과거 긍정 | ~じゃ なかった<br>~지 않았다<br>과거 부정 | ~な<br>~한<br>명사 수식 | ~で<br>~고, ~서<br>연결 표현 | ~に<br>~게<br>부사적 |
|---|---|---|---|---|---|---|---|
| きれいだ<br>예쁘다,<br>깨끗하다 | きれいだ | きれいじゃ<br>ない | きれいだった | きれいじゃ<br>なかった | きれいな | きれいで | きれいに |
| 静かだ<br>조용하다 | 静かだ | 静かじゃ<br>ない | 静かだった | 静かじゃ<br>なかった | 静かな | 静かで | 静かに |
| 新鮮だ<br>신선하다 | 新鮮だ | 新鮮じゃ<br>ない | 新鮮だった | 新鮮じゃ<br>なかった | 新鮮な | 新鮮で | 新鮮に |
| 好きだ<br>좋아하다 | 好きだ | 好きじゃ<br>ない | 好きだった | 好きじゃ<br>なかった | 好きな | 好きで | 好きに |
| 上手だ<br>능숙하다 | 上手だ | 上手じゃ<br>ない | 上手だった | 上手じゃ<br>なかった | 上手な | 上手で | 上手に |
| 下手だ<br>서투르다 | 下手だ | 下手じゃ<br>ない | 下手だった | 下手じゃ<br>なかった | 下手な | 下手で | 下手に |

## な형용사 정중 표현

| 기본형 | ~です<br>~입니다<br>현재 긍정 | ~じゃ ありません<br>~지 않습니다<br>현재 부정 | ~でした<br>~었습니다<br>과거 긍정 | ~じゃ ありませんでした<br>~지 않았습니다<br>과거 부정 |
|---|---|---|---|---|
| きれいだ<br>예쁘다, 깨끗하다 | きれいです | きれいじゃ ありません | きれいでした | きれいじゃ ありませんでした |
| 静かだ<br>조용하다 | 静かです | 静かじゃ ありません | 静かでした | 静かじゃ ありませんでした |
| 新鮮だ<br>신선하다 | 新鮮です | 新鮮じゃ ありません | 新鮮でした | 新鮮じゃ ありませんでした |
| 好きだ<br>좋아하다 | 好きです | 好きじゃ ありません | 好きでした | 好きじゃ ありませんでした |
| 上手だ<br>능숙하다 | 上手です | 上手じゃ ありません | 上手でした | 上手じゃ ありませんでした |
| 下手だ<br>서투르다 | 下手です | 下手じゃ ありません | 下手でした | 下手じゃ ありませんでした |

## ○ 동사 정중 표현

| 기본형 | ~ます ~합니다 | ~ません ~하지 않습니다 | ~ました ~했습니다 | ~ませんでした ~하지 않았습니다 | ~ましょう ~합시다 |
|---|---|---|---|---|---|
| **1그룹 동사** 買う 사다 | 買います | 買いません | 買いました | 買いませんでした | 買いましょう |
| 待つ 기다리다 | 待ちます | 待ちません | 待ちました | 待ちませんでした | 待ちましょう |
| 触る 만지다 | 触ります | 触りません | 触りました | 触りませんでした | 触りましょう |
| 死ぬ 죽다 | 死にます | 死にません | 死にました | 死にませんでした | 死にましょう |
| 遊ぶ 놀다 | 遊びます | 遊びません | 遊びました | 遊びませんでした | 遊びましょう |
| 飲む 마시다 | 飲みます | 飲みません | 飲みました | 飲みませんでした | 飲みましょう |
| 書く 쓰다 | 書きます | 書きません | 書きました | 書きませんでした | 書きましょう |
| 泳ぐ 헤엄치다 | 泳ぎます | 泳ぎません | 泳ぎました | 泳ぎませんでした | 泳ぎましょう |
| 話す 이야기하다 | 話します | 話しません | 話しました | 話しませんでした | 話しましょう |
| *帰る 돌아가다 | 帰ります | 帰りません | 帰りました | 帰りませんでした | 帰りましょう |
| **2그룹 동사** 起きる 일어나다 | 起きます | 起きません | 起きました | 起きませんでした | 起きましょう |
| 食べる 먹다 | 食べます | 食べません | 食べました | 食べませんでした | 食べましょう |
| **3그룹 동사** する 하다 | します | しません | しました | しませんでした | しましょう |
| 来る 오다 | 来ます | 来ません | 来ました | 来ませんでした | 来ましょう |

# 동사 て형과 て형 접속 표현

| 기본형 | て형<br>~하고, ~해서 | ~て ください<br>~해 주세요 | ~て います<br>~하고 있습니다 | ~ても いいです<br>~해도 됩니다 | ~ては いけません<br>~해서는 안 됩니다 |
|---|---|---|---|---|---|
| **買う**<sub>か</sub><br>사다 | 買って | 買って<br>ください | 買って<br>います | 買っても<br>いいです | 買っては<br>いけません |
| **待つ**<sub>ま</sub><br>기다리다 | 待って | 待って<br>ください | 待って<br>います | 待っても<br>いいです | 待っては<br>いけません |
| **触る**<sub>さわ</sub><br>만지다 | 触って | 触って<br>ください | 触って<br>います | 触っても<br>いいです | 触っては<br>いけません |
| **死ぬ**<sub>し</sub><br>죽다 | 死んで | 死んで<br>ください | 死んで<br>います | 死んでも<br>いいです | 死んでは<br>いけません |
| **遊ぶ**<sub>あそ</sub><br>놀다 | 遊んで | 遊んで<br>ください | 遊んで<br>います | 遊んでも<br>いいです | 遊んでは<br>いけません |
| **飲む**<sub>の</sub><br>마시다 | 飲んで | 飲んで<br>ください | 飲んで<br>います | 飲んでも<br>いいです | 飲んでは<br>いけません |
| **書く**<sub>か</sub><br>쓰다 | 書いて | 書いて<br>ください | 書いて<br>います | 書いても<br>いいです | 書いては<br>いけません |
| **泳ぐ**<sub>およ</sub><br>헤엄치다 | 泳いで | 泳いで<br>ください | 泳いで<br>います | 泳いでも<br>いいです | 泳いでは<br>いけません |
| **話す**<sub>はな</sub><br>이야기하다 | 話して | 話して<br>ください | 話して<br>います | 話しても<br>いいです | 話しては<br>いけません |
| **\*帰る**<sub>かえ</sub><br>돌아가다 | 帰って | 帰って<br>ください | 帰って<br>います | 帰っても<br>いいです | 帰っては<br>いけません |
| **起きる**<sub>お</sub><br>일어나다 | 起きて | 起きて<br>ください | 起きて<br>います | 起きても<br>いいです | 起きては<br>いけません |
| **食べる**<sub>た</sub><br>먹다 | 食べて | 食べて<br>ください | 食べて<br>います | 食べても<br>いいです | 食べては<br>いけません |
| **する**<br>하다 | して | して<br>ください | して<br>います | しても<br>いいです | しては<br>いけません |
| **来る**<sub>く</sub><br>오다 | 来て<sub>き</sub> | 来て<sub>き</sub><br>ください | 来て<sub>き</sub><br>います | 来て<sub>き</sub>も<br>いいです | 来て<sub>き</sub>は<br>いけません |

1그룹 동사 / 2그룹 동사 / 3그룹 동사

## ○ 명사

| 명사 | 学生<br>がくせい | 학생 |
|---|---|---|
| ~입니다 | 学生<sup>がくせい</sup>です | 학생입니다 |
| ~이/가 아닙니다 | 学生じゃ ありません<br>=学生では ありません<br>=学生じゃ ないです<br>=学生では ないです | 학생이 아닙니다 |
| ~이었습니다 | 学生でした<br>=学生だったです | 학생이었습니다 |
| ~이/가 아니었습니다 | 学生じゃ ありませんでした<br>=学生では ありませんでした<br>=学生じゃ なかったです<br>=学生では なかったです | 학생이 아니었습니다 |

숫자 읽기

## ○ 0~11

| 0 | 1 | 2 | 3 | 4 | 5 |
|---|---|---|---|---|---|
| ゼロ | いち | に | さん | し・よん | ご |

| 6 | 7 | 8 | 9 | 10 | 11 |
|---|---|---|---|---|---|
| ろく | しち・なな | はち | きゅう・く | じゅう | じゅういち |

## ○ 하나~열둘

| 하나 | 둘 | 셋 | 넷 | 다섯 | 여섯 |
|---|---|---|---|---|---|
| ひとつ | ふたつ | みっつ | よっつ | いつつ | むっつ |

| 일곱 | 여덟 | 아홉 | 열 | 열하나 | 열둘 |
|---|---|---|---|---|---|
| ななつ | やっつ | ここのつ | とお | じゅういち | じゅうに |

## 십 단위, 백 단위, 천 단위, 만 단위

| 10 | じゅう | 100 | ひゃく | 1,000 | せん | 10,000 | いちまん |
|----|--------|-----|--------|-------|------|--------|----------|
| 20 | にじゅう | 200 | にひゃく | 2,000 | にせん | 20,000 | にまん |
| 30 | さんじゅう | 300 | さんびゃく | 3,000 | さんぜん | 30,000 | さんまん |
| 40 | よんじゅう | 400 | よんひゃく | 4,000 | よんせん | 40,000 | よんまん |
| 50 | ごじゅう | 500 | ごひゃく | 5,000 | ごせん | 50,000 | ごまん |
| 60 | ろくじゅう | 600 | ろっぴゃく | 6,000 | ろくせん | 60,000 | ろくまん |
| 70 | ななじゅう | 700 | ななひゃく | 7,000 | ななせん | 70,000 | ななまん |
| 80 | はちじゅう | 800 | はっぴゃく | 8,000 | はっせん | 80,000 | はちまん |
| 90 | きゅうじゅう | 900 | きゅうひゃく | 9,000 | きゅうせん | 90,000 | きゅうまん |

시간 읽기

## ~시

| 1시 | 2시 | 3시 | 4시 | 5시 | 6시 |
|-----|-----|-----|-----|-----|-----|
| いちじ | にじ | さんじ | よじ | ごじ | ろくじ |
| 7시 | 8시 | 9시 | 10시 | 11시 | 12시 |
| しちじ | はちじ | くじ | じゅうじ | じゅういちじ | じゅうにじ |

## ~분

| 1분 | 2분 | 3분 | 4분 | 5분 | 6분 |
|-----|-----|-----|-----|-----|-----|
| いっぷん | にふん | さんぷん | よんぷん | ごふん | ろっぷん |
| 7분 | 8분 | 9분 | 10분 | 11분 | 12분 |
| ななふん | はっぷん | きゅうふん | じゅっぷん | じゅういっぷん | じゅうにふん |

## CHAPTER 1 본책 58p

01 ① はじめまして。たなかです。
　　　どうぞ よろしく おねがいします。
　　② はじめまして。すずきです。
　　　どうぞ よろしく おねがいします。
　　③ はじめまして。なかむらです。
　　　どうぞ よろしく おねがいします。
　　④ はじめまして。きむらです。
　　　どうぞ よろしく おねがいします。

02 ① わたしは たなかです。
　　② あなたは かいしゃいんです。
　　③ あなたは せんせいです。
　　④ わたしは イです。

03 ① あなたは たなかさんですか。
　　② あなたは かいしゃいんですか。
　　③ あなたは せんせいですか。
　　④ あなたは イさんですか。

04 ① いいえ、わたしは たなかじゃ ありま
　　　せん。
　　② いいえ、わたしは かいしゃいんじゃ
　　　ありません。
　　③ いいえ、わたしは せんせいじゃ あり
　　　ません。
　　④ いいえ、わたしは イじゃ ありません。

## CHAPTER 2 본책 70p

01 ① これは ほんですか。
　　② これは ノートですか。
　　③ これは かばんですか。
　　④ これは えいごの ほんですか。

02 ① それは かんこくごの ほんです。
　　② それは ノートです。
　　③ それは かばんです。

④ それは えいごの ほんです。

03 ① あれも たなかさんの かばんですか。
　　② あれも あなたの かばんですか。
　　③ あれも あなたの ノートですか。
　　④ あれも たなかさんの にほんごの
　　　ほんですか。

04 ① ともだちの すずきのです。
　　② ともだちの やまだのです。
　　③ ともだちの イのです。
　　④ ともだちの キムのです。

## CHAPTER 3 본책 82p

01 ① ここは かいしゃです。
　　② そこは ぎんこうです。
　　③ あそこは がっこうです。
　　④ ここは びょういんです。

02 ① ぎんこうの やすみは いつですか。
　　　まいしゅう きんようびです。
　　② がっこうの やすみは いつですか。
　　　まいしゅう どようびです。
　　③ びょういんの やすみは いつですか。
　　　まいしゅう もくようびです。
　　④ デパートの やすみは いつですか。
　　　まいしゅう かようびです。

03 ① おとといは やすみでしたか。
　　② あなたは がくせいでしたか。
　　③ たなかさんは せんせいでしたか。
　　④ これは たなかさんの かばんでしたか。

04 ① きのうは げつようびで、がっこうの
　　　やすみじゃ ありませんでした。
　　② きのうは もくようびで、びょういんの
　　　やすみじゃ ありませんでした。
　　③ きのうは すいようびで、ぎんこうの
　　　やすみじゃ ありませんでした。

④ きのうは　とくべつセールで、デパート
　　の　やすみじゃ　ありませんでした。

CHAPTER 4 본책 98p

01　① スーパーは　こぜん　ごじから　ごご　し
　　ちじまでです。
　② スーパーは　こぜん　よじから　ごご　じゅ
　　うじまでです。
　③ スーパーは　こぜん　はちじから　ごご
　　じゅうにじまでです。
　④ スーパーは　こぜん　さんじから　ごご
　　ろくじまでです。
02　① おいしくて　やすいです。
　② おおくて　やすいです。
　③ ひろくて　やすいです。
　④ せまくて　たかいです。
03　① やさいと　にくも　おいしいです。
　② やさいと　にくも　たかいです。
　③ やさいと　にくも　おおいです。
　④ やさいと　にくも　すくないです。
04　① さかなは　おいしく　ありません。
　② さかなは　たかく　ありません。
　③ さかなは　おおく　ありません。
　④ さかなは　すくなく　ありません。

CHAPTER 5 본책 110p

01　① ひとつ　さんびゃくえん、みっつで　ろっ
　　ぴゃくえんです。
　② ひとつ　ひゃくえん、みっつで　にひゃ
　　くえんです。
　③ ひとつ　よんひゃくえん、みっつで　はっ
　　ぴゃくえんです。
　④ ひとつ　ごひゃくえん、みっつで　せん
　　えんです。
02　① ここは　しんせんで　やすいです。

② ここは　きれいで　おいしいです。
③ へやは　しずかで　やすいです。
④ たなかさんは　ハンサムで　おもしろい
　　です。
03　① りんごは　きらいじゃ　ありません。
　② えいごは　じょうずじゃ　ありません。
　③ にほんごは　へたじゃ　ありません。
　④ なしは　しんせんじゃ　ありません。
04　① なしだけが　すきです。
　② にほんごだけが　すきです。
　③ これだけが　すきです。
　④ あなただけが　すきです。

CHAPTER 6 본책 122p

01　① じみな　スカートですね。
　② はでな　スカートですね。
　③ すてきな　スカートですね。
　④ ふべんな　スカートですね。
02　① おいしいですが、たかいですよ。
　② ほしいですが、はでですよ。
　③ やすいですが、まずいですよ。
　④ せまいですが、きれいですよ。
03　① おいしい　りんごですが、たかいです。
　② しんせんな　なしですが、たかいです。
　③ たかい　スカートですが、ほしいです。
　④ きれいな　スカートですが、はでです。
04　① すこし　はでな　かばんが　ほしいです。
　② すこし　しんせつな　ともだちが　ほし
　　いです。
　③ すこし　べんりな　くるまが　ほしいです。
　④ すこし　きれいな　へやが　ほしいです。

CHAPTER 7 본책 134p

01　① しんせんじゃ　ありませんでした。
　② きれいじゃ　ありませんでした。

③ はでじゃ ありませんでした。

④ すきじゃ ありませんでした。

02 ① とても やすかったです。

② とても たかかったです。

③ とても ひろかったです。

④ とても おおかったです。

03 ① しんせんでしたね。

② きれいでしたね。

③ はででしたね。

④ すきでしたね。

04 ① やすく ありませんでした。

② たかく ありませんでした。

③ ひろく ありませんでした。

④ おおく ありませんでした。

**CHAPTER 8** 본책 150p

01 ① 椅子の 上に 何が ありますか。

② 机の 下に 何が ありますか。

③ かばんの 中に 何が ありますか。

④ テーブルの 横に 何が ありますか。

02 ① 辞書や 本や ノート などが あります。

② 英語の 本や 日本語の 本や 雑誌 な

どが あります。

③ 魚や 肉や 野菜 などが あります。

④ りんごや 梨や みかん などが あります。

03 ① 椅子は ありません。

② スカートは ありません。

③ 果物は ありません。

④ 日本語の 本は ありません。

04 ① 机の 下に 何か ありますか。

いいえ、何も ありません。

② 机の 上に 何か ありますか。

いいえ、何も ありません。

③ かばんの 中に 何か ありますか。

いいえ、何も ありません。

④ 椅子の 上に 何か ありますか。

いいえ、何も ありません。

**CHAPTER 9** 본책 162p

01 ① 居間に 誰が いますか。

② 台所に 誰が いますか。

③ 家の 中に 誰が いますか。

④ 学校に 誰が いますか。

02 ① 学生と 先生が います。

② 田中さんと 私が います。

③ 父と 母が います。

④ 妹と 弟が います。

03 ① 学生は いません。

② 田中さんは いません。

③ 父は いません。

④ 弟は いません。

04 ① 部屋の 中に 誰か いますか。

いいえ、誰も いません。

② 台所に 誰か いますか。

いいえ、誰も いません。

③ 銀行に 誰か いますか。

いいえ、誰も いません。

④ 会議室の 中に 誰か いますか。

いいえ、誰も いません。

**CHAPTER 10** 본책 178p

01 ① あなたは 何時に 寝ますか。

② あなたは 何時に 出ますか。

③ あなたは 何時に 来ますか。

④ あなたは 何時に 出かけますか。

02 ① テレビを 見ます。

② 早く 寝ます。

③ うちを 出ます。

④ 勉強を します。

03 ① 朝 7時には 起きません。

② 夜 10時には 寝ません。

③ 朝ごはんは 食べません。

④ 窓は 開けません。

04 ① 8時に ごはんを 食べます。

② 8時に テレビを 見ます。

③ 8時に 勉強を します。

④ 8時に 電気を つけます。

**CHAPTER 11** 본책 190p

01 ① 銀行は バスで 行きます。

② 学校は 地下鉄で 行きます。

③ 会社は 車で 行きます。

④ デパートは タクシーで 行きます。

02 ① 7分ぐらい かかります。

② 10分ぐらい かかります。

③ 20分ぐらい かかります。

④ 5分ぐらい かかります。

03 ① すぐ お風呂に 入りますか。

② すぐ 電車が 来ますか。

③ すぐ 花が 散りますか。

④ すぐ 電車に 乗りますか。

04 ① たまに デパートへ 行きます。

② たまに タクシーに 乗ります。

③ たまに 仕事を します。

④ たまに うちへ 帰ります。

**CHAPTER 12** 본책 202p

01 ① 夕べ、ごはんを 食べましたか。

いいえ、食べませんでした。

② 先週、仕事を しましたか。

いいえ、しませんでした。

③ 今朝、コーヒーを 飲みましたか。

いいえ、飲みませんでした。

④ おととい、会社へ 行きましたか。

いいえ、行きませんでした。

02 ① 病気で 会社を 休みました。

② 風邪で 薬を 飲みました。

③ 休みで うちに いました。

④ セールで スカートを 買いました。

03 ① 仕事の 後、ごはんを 食べました。

② 勉強の 後、映画を 見ました。

③ 買い物の 後、うちへ 帰りました。

④ 山登りの 後、一杯 飲みました。

04 ① 安い 服、たくさん 買いました。

② 冷たい ジュース、たくさん 飲みました。

③ 好きな 乗り物、たくさん 乗りました。

④ おもしろい 映画、たくさん 見ました。

**CHAPTER 13** 본책 218p

01 ① 早く 食べて、コーヒーを 飲みました。

② 遅く 帰って、コーヒーを 飲みました。

③ おもしろく 遊んで、コーヒーを 飲み
ました。

④ 安く 買って、コーヒーを 飲みました。

02 ① まじめに 勉強して、映画を 見ました。

② 熱心に 運動して、映画を 見ました。

③ 親切に 教えて、映画を 見ました。

④ 静かに 座って、映画を 見ました。

03 ① 午後は 仕事に 行きました。

② 午後は ショッピングに 行きました。

③ 午後は 散歩に 行きました。

④ 午後は 山登りに 行きました。

04 ① それじゃ ゆっくり 食べて ください。

② それじゃ ゆっくり 飲んで ください。

③ それじゃ ゆっくり 寝て ください。

④ それじゃ ゆっくり して ください。

CHAPTER 14 본책 230p

01 ① 歌を 歌って います。

② 道が 混んで います。

③ テレビを 見て います。

④ 勉強を して います。

02 ① 音楽を 聞きませんか。

② 歌を 歌いませんか。

③ テレビを 見ませんか。

④ 勉強を しませんか。

03 ① 今、部屋で 音楽を 聞いて います。

② 今、コーヒーショップで コーヒーを
飲んで います。

③ 今、映画館で 映画を 見て います。

④ 今、学校で 友だちに 会って います。

04 ① 大丈夫ですよ。飲みましょう。

② 大丈夫ですよ。しましょう。

③ 大丈夫ですよ。食べましょう。

④ 大丈夫ですよ。帰りましょう。

CHAPTER 15 본책 242p

01 ① 小さい 声では 読んでも いいです。

② 小さい 声では 歌っても いいです。

③ 小さい 声では 話し合っても いいです。

④ 小さい 声では 遊んでも いいです。

02 ① 本を 読んでも いいですか。

② 歌を 歌っても いいですか。

③ うちへ 帰っても いいですか。

④ 早く 寝ても いいですか。

03 ① そして 帰っては いけません。

② そして 歌っては いけません。

③ そして 読んでは いけません。

④ そして 話しては いけません。

04 ① 映画を 見ては いけません。

② 友だちに 会っては いけません。

③ 買い物を しては いけません。

④ コーヒーを 飲んでは いけません。

## 문·제·척·척 정·답

CHAPTER 1 본책 62p

**1** 1 わたしは がくせいじゃ ありません。

2 ぼくは かいしゃいんじゃ ありません。

3 わたしは たなかじゃ ありません。

**2** 1 わたしは がくせいです。

2 わたしは せんせいじゃ ありません。

3 わたしは かいしゃいんじゃ ありません。

**3** 1 わたしは がくせいじゃ ありません。

2 あなたは かいしゃいんじゃ ありません。

3 はじめまして。

CHAPTER 2 본책 74p

**1** 1 それは にほんごの ほんです。

2 あれは たなかさんの ノートです。

**2** 1 わたしのです。

2 たなかさんのじゃ ありません。

**3** 1 それは ともだちの にほんごの ほんです。

2 これも わたしのです。

CHAPTER 3 본책 86p

**1** 1 わたしは かいしゃいんでした。

2 きのうは きんようびじゃ ありませんでした。

3 おとといは どようびじゃ ありませんでした。

**2** 1 あそこは デパートです。

2 きのうは やすみでした。

3 たなかさんは せんせいじゃ ありませんでした。

CHAPTER 4 본책 102p

**1** 1 かいしゃは くじから ろくじまでです。

2 デパートは じゅうじから しちじまでです。

**2** 1 さかなは やすいです。

2 くだものは おいしく ありません。

**3** 1 くだものは やすくて おいしいです。

2 さかなは やすく ありません。

CHAPTER 5 본책 114p

**1** 1 なしは ろっぴゃくえんです。

2 さかなは さんびゃくえんです。

**2** 1 わたしは りんごが すきです。 /
わたしは りんごが すきじゃ ありません。

2 やさいは しんせんです。 /
やさいは しんせんじゃ ありません。

**3** 1 りんごが すきです。

2 なしは すきじゃ ありません。

CHAPTER 6 본책 126p

**1** 1 しんせんな くだものです。

2 やすい やさいです。

3 おいしい りんごです。

**2** 1 おいしい りんごが ほしいです。

2 はでな スカートは ほしく ありません。

3 わたしは ともだちは ほしく ありません。

**1** 1  スカートは やすかったです。

2  りんごは おいしく ありませんでした。

3  にくは たかく ありませんでした

**2** 1  さかなは しんせんじゃ ありませんでした。

2  スカートは はででした。

3  へやは きれいじゃ ありませんでした。

**1** 1  かばんの 中<sub>なか</sub>に 日本語<sub>にほんご</sub>の 本<sub>ほん</sub>が あります。

2  机<sub>つくえ</sub>の 下<sub>した</sub>に かばんが あります。

3  椅子<sub>い す</sub>の 上<sub>うえ</sub>に スカートが あります。

**2** 1  机<sub>つくえ</sub>の 上<sub>うえ</sub>に 何<sub>なに</sub>が ありますか。

2  椅子<sub>い す</sub>の 下<sub>した</sub>に かばんが あります。

3  机<sub>つくえ</sub>の 上<sub>うえ</sub>に 何<sub>なに</sub>も ありません。

**1** 1  弟<sub>おとうと</sub>が います。

2  田中<sub>た なか</sub>さんが います。

**2** 1  台所<sub>だいどころ</sub>に 父<sub>ちち</sub>は いません。

2  部屋<sub>へ や</sub>の 中<sub>なか</sub>に 弟<sub>おとうと</sub>も います。

**3** 1  部屋<sub>へ や</sub>の 中<sub>なか</sub>に 誰<sub>だれ</sub>が いますか。

2  部屋<sub>へ や</sub>の 中<sub>なか</sub>に 誰<sub>だれ</sub>も いません。

**1** 1  朝<sub>あさ</sub>ごはんは 食べません。

2  勉強<sub>べんきょう</sub>は しません

3  窓<sub>まど</sub>は 開<sub>あ</sub>けません。

**2** 1  勉強<sub>べんきょう</sub>を します。

2  テレビを 見<sub>み</sub>ます。

3  朝<sub>あさ</sub>ごはんを 食<sub>た</sub>べます。

**3** 1  あなたは 何時<sub>なん じ</sub>に 起<sub>お</sub>きますか。

2  朝<sub>あさ</sub>ごはんを 食<sub>た</sub>べます。

3  テレビは 見<sub>み</sub>ません。

**1** 1  1그룹 동사

2  (예외적) 1그룹 동사

3  1그룹 동사

4  2그룹 동사

5  (예외적) 1그룹 동사

6  3그룹 동사

7  1그룹 동사

8  (예외적) 1그룹 동사

9  2그룹 동사

10  1그룹 동사

11  3그룹 동사

12  (예외적) 1그룹 동사

**2** 1  行<sub>い</sub>きます

2  します

3  飲<sub>の</sub>みます

4  食<sub>た</sub>べます

5 帰ります

6 来ます

7 乗ります

8 見ます

9 入ります

10 会います

3 1 会社は 電車で 行きます。

2 何時から 仕事を しますか。

3 すぐ うちへ 帰りますか。

CHAPTER 12 본책 206p

1 1 昨日、コーヒーを 飲みましたか。/
飲みました。

2 昨日、映画を 見ましたか。/
見ませんでした。

3 昨日、友だちに 会いましたか。/
会いました。

2 1 うちへ 帰りました。/
うちへ 帰りませんでした。

2 勉強を しました。/
勉強を しませんでした。

3 本が ありました。/
本が ありませんでした。

CHAPTER 13 본책 222p

1 1 おいしく 食べましたか。/
おいしく 食べました。

2 まじめに 勉強しましたか。/
まじめに 勉強しました。

3 静かに いましたか。/
静かに いませんでした。

2 1 昨日、友だちに 会って コーヒーを
飲みました。

2 昨日、うちへ 帰って 勉強を しました。

3 昨日、本を 読んで 遅く 寝ました。

CHAPTER 14 본책 234p

1 1 飲みます。

2 会います。

3 見ません。

2 1 本を 読んで います。

2 朝ごはんを 食べて います。

3 歌を 歌って います。

CHAPTER 15 본책 246p

1 1 うちへ 帰っても いいですか。/
うちへ 帰っても いいです。

2 肉を 食べても いいですか。/
肉を 食べては いけません。

3 本を 読んでも いいですか。/
本を 読んでも いいです。

2 1 写真を 撮っても いいです。

2 食べ物を 食べては いけません。

3 話しても いいです。

**CHAPTER 1~3 REVIEW TEST** 본책 89p

**1** 1 わたしは がくせいじゃ ありません。

2 きのうは にちようびじゃ ありません
でした。

3 ここは デパートじゃ ありませんでした。

4 これは わたしの かばんじゃ ありません。

5 それは わたしのじゃ ありません。

**2** 1 それは にほんごの ほんです。

2 わたしは せんせいじゃ ありませんで
した。

3 やすみは きのうじゃ ありませんでした。

4 きのうは デパートの セールでした。

5 あそこは かいしゃじゃ ありません。

**3** 1 きのうは デパートの やすみでした。

2 いいえ、あしたは がっこうの やすみ
じゃ ありません。

3 いいえ、きのうは がっこうの やすみ
じゃ ありませんでした。

4 きょうは かいしゃの やすみです。

**4** 1 ○

2 × やすみです → やすみでした

3 ○

4 × にほんご ほんです
→ にほんごの ほんです

5 × げつようびじゃ ありません
→ げつようびじゃ ありませんでした

**5** 1 これは わたしの にほんごの ほんじゃ
ありません。

2 ここは わたしの かいしゃです。

3 きのうは かいしゃの やすみでした。

4 デパートは セールで やすみじゃ あり
ませんでした。

5 かばんは わたしのじゃ ありません。
たなかさんのです。

6 あなたは がくせいですか。 /
はい、わたしは がくせいです。

7 あなたの やすみは いつですか。 /
にちようびです。

**CHAPTER 4~7 REVIEW TEST** 본책 141p

**1** 1 くだものは やすいです。

2 りんごは やすく ありませんでした。

3 やさいは しんせんでした。

4 スカートは きれいです。

5 わたしは にくが すきじゃ ありません。

6 わたしの へやは きれいじゃ ありませ
んでした。

7 しけんは むずかしく ありません。

8 くだものは おいしかったです。

**2** 1 わたしは なしが すきじゃ ありません。

2 すうがくは むずかしく ありません。

3 この スカートは きれいじゃ ありません。

4 しけんは かんたんじゃ ありませんでした。

5 やさいは やすく ありませんでした。

**3** 1 ○

2 × きれかったです → きれいでした

3 ○

4 ○

5 ○

6 × やすいて → やすくて

7 ○

8 × きれくて → きれいで

**4** 1 しけんは どうでしたか。

2 しけんは とても むずかしかったです。

3 さかなは ぜんぜん しんせんじゃ あり
ませんでした。

4 りんごは ひとつ いくらですか。

5 スーパーは ごぜん くじから ごご じ
ゅうじまでです。

6 スカートは きれいですが、たかいです。

7 りんごは やすくて おいしいです。

8 やさいは しんせんで やすいです。

6 部屋の 中に 誰も いません。

7 部屋の 中に 母と 父が います。

## CHAPTER 8~9 REVIEW TEST 본책 169p

**1** 1 弟が います。

2 日本語の 本が あります。

3 かばんが あります。

4 いいえ、妹は いません。

5 いいえ、ノートは ありません。

**2** 1 × あります → ありません

2 ○

3 ○

4 × あります → います

5 ○

6 × います → あります

**3** 1 あります

2 ありません

3 いません

4 います

**4** 1 机の 上に 本が あります。

2 部屋の 中に 弟が います。

3 椅子の 下に 何も ありません。

4 かばんの 中に 本が ありますか。

5 机の 上に 本や 鉛筆や 消しゴム な
どが あります。

## CHAPTER 10~12 REVIEW TEST 본책 209p

**1** 1 食べます     2 飲みます

3 行きます     4 帰ります

5 会います     6 します

7 来ます     8 見ます

9 あります     10 います

**2** 1 コーヒーを 飲みました。

2 テレビを 見ませんでした。

3 学校へ 行きました。

4 友だちに 会いませんでした。

5 日本語の 勉強を しました。

**3** 1 昨日、映画を 見ました。

2 昨日、学校へ 行きました。うちには

いませんでした。

3 おいしい ものを たくさん 食べました。

4 今日、友だちに 会います。

5 コーヒーが 好きで 飲みました。

**4** 1 × います → いました

2 × 友だちを → 友だちに

3 × 食べました → 飲みました

4 ○

5 ○

6 ○

**5** 1 残業で 会社に いました。

2 映画を 見ました。

3 日本語の 勉強を しました。

4 学校へ 行きませんでした。

5 コーヒーを たくさん 飲みました。

6 昨日 私は 学校に いました。

7 かばんの 中に 本が ありました。

## CHAPTER 13~15 REVIEW TEST 본책 249p

**1** 1 帰って  2 見て

3 話して  4 会って

5 行って  6 聞いて

7 待って  8 して

9 来て  10 飲んで

**2** 1 早く 起きて ください。

2 静かに 話して ください。

3 本を 読んで ください。

4 うちへ 帰って ください。

5 早く 寝て ください。

**3** 1 帰っても いいです。

2 歌を 歌っては いけません。

3 映画を 見ては いけません。

4 友だちと 話しても いいです。

5 音楽を 聞いても いいです。

**4** 1 コーヒーを 飲んで います。

2 友だちを 待って います。

3 日本語の 勉強を して います。

4 ごはんを 食べて います。

5 写真を 撮って います。

**5** 1 ごはんを 食べて コーヒーを 飲みます。

2 勉強を して 音楽を 聞きます。

3 本を 読んで 友だちに 会います。

**6** 1 朝 起きて ごはんを 食べます。

2 写真を 撮っては いけません。

3 本を 読んでも いいです。

4 早く 起きて ください。

5 買い物に 行きます。

**CHAPTER 1** 본책 52p

☐ あ お

☐ ぬ め

☐ わ ね れ

☐ さ き ち

☐ ら る ろ

**CHAPTER 2** 본책 64p

☐ 처음 뵙겠습니다.

☐ 부디 잘 부탁합니다.

☐ 저는 김시우입니다.

☐ 당신은 학생입니까?

☐ 아니요, 저는 학생이 아닙니다.

**CHAPTER 3** 본책 76p

☐ 이것은 무엇입니까?

☐ 그것은 일본어 책입니다.

☐ 저것도 시우 씨의 책입니까?

☐ 친구인 스미스의 것입니다.

**CHAPTER 4** 본책 92p

☐ 저기는 어디입니까?

☐ 저기는 JK백화점입니다.

☐ 백화점의 휴일은 언제입니까?

☐ 매주 월요일입니다.

☐ 어제는 휴일이었습니까?

☐ 어제는 세일이어서 휴일이 아니었습니다.

**CHAPTER 5** 본책 104p

☐ 슈퍼는 오전 9시부터 오후 10시까지입니다.

☐ 싸고 맛있습니다.

☐ 야채와 고기도 쌉니다.

☐ 생선은 싸지 않습니다.

**CHAPTER 6** 본책 116p

☐ 한 개에 400엔, 세 개에 1,000엔입니다.

☐ 이 사과는 신선하고 맛있습니다.

☐ 배는 좋아하지 않습니다.

☐ 사과만을 좋아합니다.

**CHAPTER 7** 본책 128p

☐ 예쁜 스커트네요.

☐ 갖고 싶지만, 비싸요.

☐ 귀여운 스커트이지만, 화려합니다.

☐ 조금 수수한 스커트를 갖고 싶습니다.

**CHAPTER 8** 본책 144p

☐ 간단하지 않았습니다.

☐ 아주 어려웠습니다.

☐ 힘들었겠군요.

☐ 어렵지 않았습니다.

## CHAPTER 9  본책 156p

☐ 책상 위에 무엇이 있습니까?
☐ 연필이랑 볼펜이랑 지우개 등이 있습니다.
☐ 사전은 없습니다.
☐ 의자 밑에 무언가 있습니까?
☐ 아니요, 아무것도 없습니다.

## CHAPTER 10  본책 172p

☐ 방 안에 누가 있습니까?
☐ 아버지와 남동생이 있습니다.
☐ 어머니는 없습니다.
☐ 거실에 누군가 있습니까?
☐ 아니요, 아무도 없습니다.

## CHAPTER 11  본책 184p

☐ 당신은 몇 시에 일어납니까?
☐ 무엇을 합니까?
☐ 아침밥을 먹습니다.
☐ 아침에는 텔레비전은 보지 않습니다.
☐ 8시에 집을 나섭니다.

## CHAPTER 12  본책 196p

☐ 회사는 전철로 갑니다.
☐ 30분 정도 걸립니다.
☐ 곧장 집으로 갑니까?
☐ 가끔 친구를 만납니다.

## CHAPTER 13  본책 212p

☐ 어제, 영화를 봤습니까?
☐ 아니요, 보지 않았습니다.
☐ 잔업으로 회사에 있었습니다.
☐ 잔업 후, 한잔 마셨습니다.
☐ 맛있는 것 많이 먹었습니다.

## CHAPTER 14  본책 224p

☐ 늦게 일어나서 커피를 마셨습니다.
☐ 조용히 책을 읽고, 영화를 봤습니다.
☐ 오후에는 쇼핑하러 갔습니다.
☐ 그럼 푹 쉬세요.

## CHAPTER 15  본책 236p

☐ 음악을 듣고 있습니다.
☐ 공원에 가지 않겠습니까?
☐ 지금, 공원에서 노래를 부르고 있습니다.
☐ 괜찮아요. 갑시다.

# 동양북스 채널에서 더 많은 도서
# 더 많은 이야기를  만나보세요!

 ▶ 유튜브

 📷 인스타그램

 🅱 블로그

 포스트

 f 페이스북

 카카오뷰

외국어 출판 45년의 신뢰
외국어 전문 출판 그룹
동양북스가 만드는 책은 다릅니다.

45년의 쉼 없는 노력과 도전으로 책 만들기에 최선을 다해온
동양북스는 오늘도 미래의 가치에 투자하고 있습니다.
대한민국의 내일을 생각하는 도전 정신과 믿음으로 최선을 다하겠습니다.

동양북스

가장 **쉬**운 **독**학
일본어 첫걸음

별책부록

# 워크북

동양북스

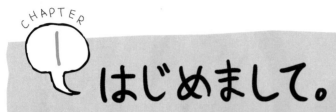

CHAPTER 1

# はじめまして。

처음 뵙겠습니다.

**1** 다음 일본어의 뜻을 쓰세요.

1 はじめまして → _____

2 わたし → _____

3 ～は → _____

4 ～です → _____

5 どうぞ → _____

6 よろしく → _____

7 おねがいします → _____

8 ぼく → _____

9 こちらこそ → _____

10 あなた → _____

11 がくせい → _____

**12** ～ですか → _____

**13** いいえ → _____

**14** ～じゃ ありません → _____


**2** 다음 단어를 일본어로 쓰세요.

**1** 처음 뵙겠습니다 → _____

**2** 나, 저 → _____

**3** ~은/는 → _____

**4** ~입니다 → _____

**5** 부디 → _____

**6** 잘 → _____

**7** 부탁합니다 → _____

**8** 나 〈남자〉 → _____

**9** 저야말로 → _____

**10** 너, 당신 → _____

**11** 학생 → _____

**12** ~입니까? → _____

**13** 아니요 → _____

**14** ~이/가 아닙니다 → _____

## 3 다음을 일본어로 바꾸세요.

**1** 처음 뵙겠습니다.

→ _____

**2** 부디 잘 부탁합니다.

→ _____

**3** 저는 김시우입니다.

→ _____

**4** 당신은 학생입니까?

→ _____

**5** 아니요, 저는 학생이 아닙니다.

→ _____

**4** 다음을 듣고 질문에 알맞은 답을 고르세요.

**1** 🎧 **W01** 질문 나의 직업은 무엇입니까?

① がくせいです。

② たなかです。

③ かいしゃいんです。

④ わたしです。

**5** 다음 대화를 듣고 빈칸을 채우세요. 🎧 **W02**

남 ＿＿＿＿＿＿＿＿。＿＿＿＿＿＿＿＿は キム・シウです。

どうぞ よろしく＿＿＿＿＿＿＿＿。

여 はじめまして。＿＿＿＿＿＿＿＿は たなか ゆりえです。

＿＿＿＿＿＿＿＿ どうぞ よろしく。

남 ＿＿＿＿＿＿＿＿は がくせいですか。

여 ＿＿＿＿＿＿＿＿、わたしは ＿＿＿＿＿＿＿＿＿＿＿＿＿＿。

かいしゃいんです。

# これは なんですか。

이것은 무엇입니까?

**1** 다음 일본어의 뜻을 쓰세요.

1  これ       → _____

2  なん       → _____

3  それ       → _____

4  にほんご → _____

5  ～の       → _____

6  ほん       → _____

7  ～も       → _____

8  ともだち → _____

9  ～のです → _____

10  では       → _____

11  ノート       → _____

**12** はい　　　　　→ _____

**2** 다음 단어를 일본어로 쓰세요.

**1** 이것　　　　　→ _____

**2** 무엇　　　　　→ _____

**3** 그것　　　　　→ _____

**4** 일본어　　　　→ _____

**5** ~의　　　　　→ _____

**6** 책　　　　　　→ _____

**7** ~도　　　　　→ _____

**8** 친구　　　　　→ _____

**9** ~의 것입니다　→ _____

**10** 그럼　　　　　→ _____

**11** 노트　　　　　→ _____

**12** 네(긍정의 대답)　→ _____

## 3 다음을 일본어로 바꾸세요.

**1** 이것은 무엇입니까?

→ _____

**2** 그것은 일본어 책입니다.

→ _____

**3** 이것도 당신 책입니까?

→ _____

**4** 친구의 것입니다.

→ _____

## 4 다음을 듣고 질문에 알맞은 답을 고르세요.

**1** 🎧 W 03 질문 책은 누구의 것입니까?

① わたし　　　② ぼく

③ ともだち　　④ たなかさん

⑤ がくせい

**5** 다음 대화를 듣고 빈칸을 채우세요. 🎧 **W 04**

여　これは ＿＿＿＿＿＿＿ですか。

남　＿＿＿＿＿＿＿ わたしの　にほんごの　＿＿＿＿＿＿＿です。

여　＿＿＿＿＿＿＿ シウさんの　ほんですか。

남　いいえ、あれは　わたしの　＿＿＿＿＿＿＿＿＿＿＿。

　　＿＿＿＿＿＿＿ スミスのです。

여　では、それも　スミスさんの　＿＿＿＿＿＿＿ですか。

남　いいえ、これは ＿＿＿＿＿＿＿。

# あそこは どこですか。

저기는 어디입니까?

**1** 다음 일본어의 뜻을 쓰세요.

1 あそこ → _____

2 どこですか → _____

3 デパート → _____

4 やすみ → _____

5 いつですか → _____

6 まいしゅう → _____

7 げつようび → _____

8 そうですか → _____

9 きのう → _____

10 ～でしたか → _____

11 セール → _____

**12**  ～で          →  _____

**13**  ～じゃ　ありませんでした  →  _____

**2**  다음 단어를 일본어로 쓰세요.

**1**  저기          →  _____

**2**  어디입니까?       →  _____

**3**  백화점          →  _____

**4**  휴일          →  _____

**5**  언제입니까?       →  _____

**6**  매주          →  _____

**7**  월요일          →  _____

**8**  그렇습니까?       →  _____

**9**  어제          →  _____

**10**  ～이었습니까?      →  _____

**11**  세일          →  _____

**12**  ～이어서, ～이기 때문에  →  _____

**13**  ～이/가 아니었습니다  →  _____

## 3 다음을 일본어로 바꾸세요.

**1** 저기는 JK백화점입니다.

→ _____

**2** 백화점의 휴일은 언제입니까?

→ _____

**3** 어제는 휴일이었습니까?

→ _____

**4** 휴일이 아니었습니다.

→ _____


## 4 다음을 듣고 질문에 알맞은 답을 고르세요.

**1** 🎧 **W 05** **질문** 어제는 무슨 요일이었습니까?

① げつようび

② かようび

③ どようび

④ もくようび

2　🎧**W 06** 　질문 어제는 어느 곳의 휴일이었습니까?

① かいしゃ

② デパート

③ がっこう

④ ぎんこう

**5** 다음 대화를 듣고 빈칸을 채우세요. 🎧**W 07**

남1　あそこは ＿＿＿＿＿＿ですか。

남2　＿＿＿＿＿＿は　JKデパートです。

남1　あ、＿＿＿＿＿＿ですか。デパートの ＿＿＿＿＿＿は

いつですか。

남2　デパートの やすみは まいしゅう ＿＿＿＿＿＿です。

남1　そうですか。では、＿＿＿＿＿＿は ＿＿＿＿＿＿。

남2　いいえ、きのうは ＿＿＿＿＿＿、＿＿＿＿＿＿。

CHAPTER 4

# やすくて おいしいです。

싸고 맛있습니다.

**1** 다음 일본어의 뜻을 쓰세요.

1 スーパー → _____

2 なんじ → _____

3 〜から → _____

4 〜まで → _____

5 ごぜん → _____

6 ごご → _____

7 くだもの → _____

8 やすい → _____

9 おいしい → _____

10 やさい → _____

11 にく → _____

**12** さかな  →  _____

<br>

**2** 다음 단어를 일본어로 쓰세요.

**1** 슈퍼  →  _____

**2** 몇 시  →  _____

**3** ~부터  →  _____

**4** ~까지  →  _____

**5** 오전  →  _____

**6** 오후  →  _____

**7** 과일  →  _____

**8** 싸다  →  _____

**9** 맛있다  →  _____

**10** 야채  →  _____

**11** 고기  →  _____

**12** 생선  →  _____

**3** 다음을 일본어로 바꾸세요.

**1** 슈퍼는 오전 9시부터 오후 10시까지입니다.

→ _____

**2** 싸고 맛있습니다.

→ _____

**3** 야채와 고기도 쌉니다.

→ _____

**4** 생선은 싸지 않습니다.

→ _____

**4** 다음을 듣고 질문에 알맞은 답을 고르세요.

**1** 🎧 **W 08** 질문 고기의 가격은 어떻습니까?

① やすいです。

② おいしいです。

③ やすく ありません。

④ たかく ありません。

2  🎧 W 09  질문 슈퍼는 몇 시부터 몇 시까지입니까?

① ごぜん くじから ごご しちじまでです。

② ごぜん じゅうじから ごご しちじまでです。

③ ごぜん じゅうじから ごご はちじまでです。

④ ごご じゅうじから ごぜん しちじまでです。

**5** 다음 대화를 듣고 빈칸을 채우세요. 🎧 W 10

남 _____は なんじから なんじまでですか。

여 スーパーは _____ _____から

ごご じゅうじまでです。

남 そうですか。スーパーの _____は どうですか。

여 _____ おいしいです。

やさいと にくも _____。

남 さかなも やすいですか。

여 いいえ、さかなは _____。

# しんせんで おいしいです。

신선하고 맛있습니다.

**1** 다음 일본어의 뜻을 쓰세요.

1  りんご　　　　　　→ _____

2  いくらですか　　　→ _____

3  ひとつ　　　　　　→ _____

4  よんひゃく　　　　→ _____

5  えん　　　　　　　→ _____

6  みっつ　　　　　　→ _____

7  せん　　　　　　　→ _____

8  しんせんだ　　　　→ _____

9  なし　　　　　　　→ _____

10  すきだ　　　　　　→ _____

11  ～だけ　　　　　　→ _____

**2** 다음 단어를 일본어로 쓰세요.

**1** 사과 → _____

**2** 얼마입니까? → _____

**3** 하나 → _____

**4** 400 → _____

**5** ~엔(일본의 화폐 단위) → _____

**6** 셋 → _____

**7** 1,000 → _____

**8** 신선하다 → _____

**9** 배(과일) → _____

**10** 좋아하다 → _____

**11** ~만, ~뿐 → _____

**3** 다음을 일본어로 바꾸세요.

**1** 하나에 400엔입니다.

→ _____

**2** 신선하고 맛있습니다.

→ _____

**3** 배는 좋아하지 않습니다.

→ _____

**4** 사과만을 좋아합니다.

→ _____


**4** 다음을 듣고 질문에 알맞은 답을 고르세요.

**1**   🎧 **W 11** 질문 사과 하나에 얼마입니까?

① ひとつ　ひゃくえんです。

② ひとつ　にひゃくえんです。

③ ひとつ　ななひゃくえんです。

④ ひとつ　よんひゃくえんです。

**2**  🎧 **W 12**  질문 다나카 씨는 어떤 과일을 좋아합니까?

① りんご

② なし

③ みかん

④ いちご

**5** 다음 대화를 듣고 빈칸을 채우세요. 🎧 **W 13**

남  りんごは ＿＿＿＿＿＿。

여  ＿＿＿＿＿＿ よんひゃくえん、

＿＿＿＿＿＿ せんえんです。

남  ＿＿＿＿＿＿ですか。

여  この りんごは ＿＿＿＿＿＿ おいしいです。

この なしも おいしいです。

남  なしは ＿＿＿＿＿＿＿＿＿＿。りんごだけ＿＿＿＿＿＿

すきです。

CHAPTER

**6**

# きれいな スカートですね。

예쁜 스커트네요.

**1** 다음 일본어의 뜻을 쓰세요.

1 きれいだ → _____

2 スカート → _____

3 ～ですね → _____

4 ほしい → _____

5 ～ですが → _____

6 たかい → _____

7 ～ですよ → _____

8 そんなに → _____

9 かわいい → _____

10 はでだ → _____

11 すこし → _____

**12** じみだ　　　　　→ _____


## 2 다음 단어를 일본어로 쓰세요.

**1** 예쁘다, 깨끗하다　　→ _____

**2** 스커트　　　　　　→ _____

**3** ~(이)군요　　　　→ _____

**4** 갖고 싶다　　　　→ _____

**5** ~입니다만, ~이지만 → _____

**6** 비싸다　　　　　　→ _____

**7** ~이에요　　　　　→ _____

**8** 그렇게　　　　　　→ _____

**9** 귀엽다　　　　　　→ _____

**10** 화려하다　　　　→ _____

**11** 조금　　　　　　→ _____

**12** 수수하다　　　　→ _____

## 3 다음을 일본어로 바꾸세요.

**1** 예쁜 스커트네요.

&rarr; _____

**2** 예쁘고 그렇게 비싸지 않습니다.

&rarr; _____

**3** 귀여운 스커트입니다만, 화려합니다.

&rarr; _____

**4** 조금 수수한 스커트를 갖고 싶습니다.

&rarr; _____

## 4 다음을 듣고 질문에 알맞은 답을 고르세요.

**1**   🎧 W14   질문  어떤 스커트를 갖고 싶습니까?

① はでで　たかい　スカート

② じみで　たかい　スカート

③ はでで　やすい　スカート

④ じみで　やすい　スカート

**2** 🎧 **W15**　질문 다나카 씨는 무엇을 갖고 싶어합니까?

① りんご

② やさい

③ にく

④ さかな

**5** 다음 대화를 듣고 빈칸을 채우세요. 🎧 **W16**

남　これ、＿＿＿＿＿＿＿＿＿。

여　ええ、＿＿＿＿＿＿＿＿　スカートですね。

　　ほしいですが、＿＿＿＿＿＿＿＿よ。

남　では、これは どうですか。

　　＿＿＿＿＿＿＿＿　そんなに　＿＿＿＿＿＿＿＿＿＿＿＿。

여　＿＿＿＿＿＿＿＿　スカートですが、＿＿＿＿＿＿＿＿。

　　すこし　＿＿＿＿＿＿＿＿　スカート＿＿＿＿＿＿＿＿　ほしいです。

CHAPTER 7

# かんたんじゃ ありませんでした。

간단하지 않았습니다.

**1** 다음 일본어의 뜻을 쓰세요.

1 えいご → _____

2 しけん → _____

3 どうでしたか → _____

4 かんたんだ → _____

5 とても → _____

6 むずかしい → _____

7 たいへんだ → _____

8 でも → _____

9 にほんご → _____

10 ぜんぜん → _____

11 よかった → _____

## 2 다음 단어를 일본어로 쓰세요.

1  영어                →  _____

2  시험                →  _____

3  어땠습니까?           →  _____

4  간단하다              →  _____

5  매우, 아주            →  _____

6  어렵다                →  _____

7  힘들다, 큰일이다        →  _____

8  그래도, 하지만          →  _____

9  일본어                →  _____

10  전혀(부정문 동반)       →  _____

11  잘됐다                →  _____

## 3 다음을 일본어로 바꾸세요.

**1** 간단하지 않았습니다.

→ _____

**2** 아주 어려웠습니다.

→ _____

**3** 힘들었겠군요.

→ _____

**4** 어렵지 않았습니다.

→ _____

## 4 다음을 듣고 질문에 알맞은 답을 고르세요.

**1** 🎧 W17 [질문] 스커트를 사지 못한 이유는 무엇입니까?

① やすかったです。

② たかかったです。

③ はででした。

④ じみでした。

2 　🎧 W 18 　[질문] 일본어 시험은 어땠습니까?

① むずかしかったです。

② かんたんじゃ　ありませんでした。

③ むずかしく　ありませんでした。

④ かんたんでした。

**5** 다음 대화를 듣고 빈칸을 채우세요. 🎧 W 19

남1　えいごの　しけんは ＿＿＿＿＿＿＿。

남2　＿＿＿＿＿＿＿じゃ　ありませんでした。

　　とても ＿＿＿＿＿＿＿＿＿＿。

남1　＿＿＿＿＿＿＿＿＿＿＿ね。

남2　でも、にほんごは ＿＿＿＿＿＿　むずかしく　ありません

　　でした。

남1　それは ＿＿＿＿＿＿＿＿＿＿＿。

# 何<ruby>なに</ruby>が ありますか。

무엇이 있습니까?

**1** 다음 일본어의 뜻을 쓰세요.

**1** 机<ruby>つくえ</ruby> → _____

**2** 上<ruby>うえ</ruby> → _____

**3** 何<ruby>なに</ruby>が → _____

**4** ありますか → _____

**5** 鉛筆<ruby>えんぴつ</ruby> → _____

**6** 〜や → _____

**7** ボールペン → _____

**8** 消<ruby>け</ruby>しゴム → _____

**9** 〜など → _____

**10** 辞書<ruby>じしょ</ruby> → _____

**11** ありません → _____

12 下（した） → _____

13 何（なに）も → _____

## 2 다음 단어를 일본어로 쓰세요.

1 책상 → _____

2 위 → _____

3 무엇이 → _____

4 있습니까? → _____

5 연필 → _____

6 ~(이)랑 → _____

7 볼펜 → _____

8 지우개 → _____

9 ~등 → _____

10 사전 → _____

11 없습니다 → _____

12 밑, 아래 → _____

13 아무것도 → _____

## 3 다음을 일본어로 바꾸세요.

**1** 책상 위에 무엇이 있습니까?

→ _____

**2** 연필이랑 볼펜이랑 지우개 등이 있습니다.

→ _____

**3** 사전은 없습니다.

→ _____

**4** 의자 밑에 무언가 있습니까?

→ _____

**5** 아니요, 아무것도 없습니다.

→ _____


## 4 다음을 듣고 질문에 알맞은 답을 고르세요.

**1** 🎧 W 20 [질문] 책상 위에 무엇이 있습니까?

① ノート、本、消しゴム

② ノート、本、鉛筆

③ ノート、本

④ かばん、本、鉛筆

**2** 🎧 W21 질문 의자 밑에 무엇이 있습니까?

① ノートが あります。

② かばんが あります。

③ 何も ありません。

④ 本が あります。

**5** 다음 대화를 듣고 빈칸을 채우세요. 🎧 W22

남1 _____に 何が ありますか。

남2 鉛筆や ボールペンや 消しゴム などが _____。

남1 _____も ありますか。

남2 いいえ、辞書は _____。

남1 _____に _____ ありますか。

남2 いいえ、_____。

# 誰が いますか。

누가 있습니까?

**1** 다음 일본어의 뜻을 쓰세요.

1 誰 → _____

2 いますか → _____

3 父 → _____

4 弟 → _____

5 います → _____

6 母 → _____

7 いません → _____

8 台所 → _____

9 居間 → _____

10 誰か → _____

11 誰も → _____

**2** 다음 단어를 일본어로 쓰세요.

**1** 누구 → _____

**2** 있습니까?(사람, 동물) → _____

**3** 아버지 → _____

**4** 남동생 → _____

**5** 있습니다(사람, 동물) → _____

**6** 어머니 → _____

**7** 없습니다(사람, 동물) → _____

**8** 부엌 → _____

**9** 거실 → _____

**10** 누군가 → _____

**11** 누구도, 아무도 → _____

**3** 다음을 일본어로 바꾸세요.

**1** 방 안에 누가 있습니까?

→ _____

**2** 아버지와 남동생이 있습니다.

→ _____

**3** 어머니는 없습니다.

→ _____

**4** 거실에 누군가 있습니까?

→ _____

**5** 아니요, 아무도 없습니다.

→ _____

**4** 다음을 듣고 질문에 알맞은 답을 고르세요.

**1**　🎧 W 23　[질문] 방 안에 누가 있습니까?

① 母と 父

② 父と 弟と 母

③ 母と 父と 私

④ 母と 父と 弟

2　🎧 W 24　[질문] 사무실에 누가 있습니까?

① 田中<ruby>た<rt>た</rt></ruby>さんと　鈴木さん

① 田中さんと　鈴木さん

② 田中さんと　山田さんと　鈴木さん

③ 鈴木さんと　山田さん

④ 田中さんと　山田さん

**5** 다음 대화를 듣고 빈칸을 채우세요. 🎧 W 25

남1　_____に　誰<ruby><rt>だれ</rt></ruby>が　いますか。

남2　父<ruby><rt>ちち</rt></ruby>と　弟<ruby><rt>おとうと</rt></ruby>が　_____。

남1　_____も　いますか。

남2　いいえ、母<ruby><rt>はは</rt></ruby>は　_____。母<ruby><rt>はは</rt></ruby>は　台所<ruby><rt>だいどころ</rt></ruby>に　います。

남1　居間<ruby><rt>いま</rt></ruby>に　_____　いますか。

남2　いいえ、_____。

# 何時に 起きますか。

**なん じ お**

멸 시에 일어납니까?

**1** 다음 일본어의 뜻을 쓰세요.

1 起きる　　　　→ _____
お

2 それから　　　→ _____

3 何を　　　　　→ _____
なに

4 する　　　　　→ _____

5 朝ごはん　　　→ _____
あさ

6 ～を　　　　　→ _____

7 テレビ　　　　→ _____

8 見る　　　　　→ _____
み

9 朝　　　　　　→ _____
あさ

10 うち　　　　　→ _____

11 出る　　　　　→ _____
で

## 2 다음 단어를 일본어로 쓰세요.

**1** 일어나다, 기상하다 → _____

**2** 그러고 나서 → _____

**3** 무엇을 → _____

**4** 하다 → _____

**5** 아침밥 → _____

**6** ~을/를 → _____

**7** 텔레비전 → _____

**8** 보다 → _____

**9** 아침 → _____

**10** 집 → _____

**11** 나서다, 나가다, 나오다 → _____

## 3 다음을 일본어로 바꾸세요.

**1** 당신은 몇 시에 일어납니까?

→ _____

**2** 무엇을 합니까?

→ _____

**3** 아침밥을 먹습니다.

→ _____

**4** 텔레비전은 보지 않습니다.

→ _____

**5** 8시에 집을 나갑니다.

→ _____

**4** 다음을 듣고 질문에 알맞은 답을 고르세요.

**1** 🎧 W26 [질문] 田中さんは 何時に 起きますか。

① 6時

② 7時

③ 8時

④ 9時

**2** 🎧 W27 　[질문] 田中さんは 朝ごはんを 食べますか。

① 食べます。

② 食べません。

③ 食べませんでした。

④ 食べました。

**5** 다음 대화를 듣고 빈칸을 채우세요. 🎧 W28

남　あなたは 何時に ＿＿＿＿＿＿＿＿。

여　私は ＿＿＿＿＿＿＿＿に 起きます。

남　それから、＿＿＿＿＿＿＿＿ しますか。

여　朝ごはんを ＿＿＿＿＿＿＿＿。

남　テレビを ＿＿＿＿＿＿＿＿。

여　いいえ。朝は、テレビは ＿＿＿＿＿＿＿＿。

남　何時に ＿＿＿＿＿＿＿＿ 出ますか。

여　8時に うちを ＿＿＿＿＿＿＿＿。

# 電車で 行きます。
でんしゃ　　　い

전철로 갑니다.

**1** 다음 일본어의 뜻을 쓰세요.

1 会社 （かいしゃ） → _____

2 行く （い） → _____

3 電車 （でんしゃ） → _____

4 何分 （なんぷん） → _____

5 ～くらい（ぐらい） → _____

6 かかる → _____

7 仕事 （しごと） → _____

8 すぐ → _____

9 帰る （かえ） → _____

10 たまに → _____

11 友だち （とも） → _____

**12** ～に 会う　　　　　→ _____

**13** たいてい　　　　　　→ _____


**2** 다음 단어를 일본어로 쓰세요.

**1** 회사　　　　　　→ _____

**2** 가다　　　　　　→ _____

**3** 전차, 전철　　　→ _____

**4** 몇 분　　　　　　→ _____

**5** ～정도　　　　　→ _____

**6** 걸리다　　　　　→ _____

**7** 일, 업무　　　　→ _____

**8** 곧　　　　　　　→ _____

**9** 돌아가다　　　　→ _____

**10** 가끔　　　　　　→ _____

**11** 친구　　　　　　→ _____

**12** ～을/를 만나다　→ _____

**13** 대개　　　　　　→ _____

## 3 다음을 일본어로 바꾸세요.

**1** 회사는 무엇으로 갑니까?

→ _____

**2** 전철로 갑니다.

→ _____

**3** 30분 정도 걸립니다.

→ _____

**4** 일을 합니까?

→ _____

**5** 가끔 친구를 만납니다.

→ _____

## 4 다음을 듣고 질문에 알맞은 답을 고르세요. 듣기 하나에 질문이 두 개입니다.

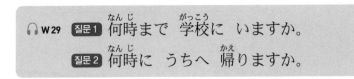

W29 **질문 1** 何時まで 学校に いますか。
**질문 2** 何時に うちへ 帰りますか。

질문 1 　① 3時（さんじ）　　　　　질문 2 　① 3時（さんじ）

　　　　② 4時（よじ）　　　　　　　　　　　② 4時（よじ）

　　　　③ 5時（ごじ）　　　　　　　　　　　③ 5時（ごじ）

　　　　④ 6時（ろくじ）　　　　　　　　　　④ 6時（ろくじ）


**5** 다음 대화를 듣고 빈칸을 채우세요. 🎧 W30

남　＿＿＿＿＿＿＿＿ 何（なに）で ＿＿＿＿＿＿＿。

여　会社（かいしゃ）は ＿＿＿＿＿＿＿ 行（い）きます。

남　会社（かいしゃ）までは 何分（なんぷん）ぐらい ＿＿＿＿＿＿＿。

여　30分（さんじゅっぷん）＿＿＿＿＿＿＿ かかります。

남　何時（なんじ）から 何時（なんじ）まで ＿＿＿＿＿＿＿ を しますか。

여　9時（くじ）から 6時（ろくじ）までです。

남　＿＿＿＿＿＿＿ うちへ ＿＿＿＿＿＿＿。

여　＿＿＿＿＿＿＿ 友（とも）だち ＿＿＿＿＿＿＿ 会（あ）いますが、

　　たいてい うちへ 帰（かえ）ります。

CHAPTER

12

# 映画を 見ましたか。

영화를 봤습니까?

**1** 다음 일본어의 뜻을 쓰세요.

**1** 昨日     → _____

**2** 映画     → _____

**3** 残業     → _____

**4** 残念だ    → _____

**5** 後      → _____

**6** 一杯     → _____

**7** 飲む     → _____

**8** おいしい   → _____

**9** もの     → _____

**10** たくさん   → _____

**11** 気持ち    → _____

**12** よかったです → _____

**2** 다음 단어를 일본어로 쓰세요.

**1** 어제 → _____

**2** 영화 → _____

**3** 잔업 → _____

**4** 유감스럽다 → _____

**5** 후, 나중 → _____

**6** 한잔 → _____

**7** 마시다 → _____

**8** 맛있다 → _____

**9** 것, 물건 → _____

**10** 많이 → _____

**11** 기분 → _____

**12** 좋았습니다 → _____

**3** 다음을 일본어로 바꾸세요.

**1** 어제, 영화를 봤습니까?

→ _____

**2** 아니요, 보지 않았습니다.

→ _____

**3** 회사에 있었습니다.

→ _____

**4** 잔업 후, 한잔 마셨습니다.

→ _____

**5** 맛있는 것 많이 먹었습니다.

→ _____

**4** 다음을 듣고 질문에 알맞은 답을 고르세요. 듣기 하나에 질문이 두 개입니다.

🎧 W31  질문1 田中さんは 何を しましたか。
　　　  질문2 鈴木さんは 何を しましたか。

질문 1　① ごはんを　食べました。

② コーヒーを　飲みました。

③ テレビを　見ました。

④ 映画を　見ました。

질문 2　① 会社へ　行きました。

② 本を　読みました。

③ うちに　いました。

④ うちに　ありました。

**5** 다음 대화를 듣고 빈칸을 채우세요. 🎧 W 32

남　＿＿＿＿＿＿＿＿＿、映画を　＿＿＿＿＿＿＿＿＿。

여　いいえ、＿＿＿＿＿＿＿＿＿＿＿＿＿＿。

　　＿＿＿＿＿＿＿＿＿で、会社に　＿＿＿＿＿＿＿。

남　＿＿＿＿＿＿＿でしたね。

여　でも、残業の　＿＿＿＿＿＿＿、＿＿＿＿＿＿＿飲みました。

　　おいしい　もの、たくさん　＿＿＿＿＿＿＿。

　　＿＿＿＿＿＿＿よかったですよ。

CHAPTER 13

# ゆっくり 休んで ください。
やす

푹 쉬세요.

**1** 다음 일본어의 뜻을 쓰세요.

1 遅く (おそ) → _____

2 コーヒー → _____

3 静かに (しず) → _____

4 読む (よ) → _____

5 午後 (ご ご) → _____

6 買い物 (か もの) → _____

7 ～に 行く (い) → _____

8 明日 (あした) → _____

9 早く (はや) → _____

10 寝る (ね) → _____

11 それじゃ → _____

12 ゆっくり → _____

13 休<ruby>む<rt>やす</rt></ruby>　　　→ _____

## 2 다음 단어를 일본어로 쓰세요.

1 늦게　　　　　→ _____

2 커피　　　　　→ _____

3 조용히, 조용하게　→ _____

4 읽다　　　　　→ _____

5 오후　　　　　→ _____

6 쇼핑　　　　　→ _____

7 ~하러 가다　　→ _____

8 내일　　　　　→ _____

9 빨리　　　　　→ _____

10 자다　　　　　→ _____

11 그럼　　　　　→ _____

12 푹, 천천히　　→ _____

13 쉬다　　　　　→ _____

**3** 다음을 일본어로 바꾸세요.

**1** 늦게 일어나서 커피를 마셨습니다.

→ _____

**2** 조용히 책을 읽고, 텔레비전으로 영화를 봤습니다.

→ _____

**3** 오후에는 쇼핑하러 갔습니다.

→ _____

**4** 그럼 푹 쉬세요.

→ _____


**4** 다음을 듣고 질문에 알맞은 답을 고르세요. 듣기 하나에 질문이 두 개입니다.

W33 질문1 朝ごはんを 食べて 何を しましたか。
질문2 何を して うちへ 帰りましたか。

질문1　① 本を 読みました。

② 映画を 見ました。

③ コーヒーを 飲みました。

④ 寝ました。

질문2 ① 本を 読んで うちへ 帰りました。

② 映画を 見て うちへ 帰りました。

③ コーヒーを 飲んで うちへ 帰りました。

④ 晩ごはんを 食べて うちへ 帰りました。

**5** 다음 대화를 듣고 빈칸을 채우세요. 🎧 **W 34**

남　今日、＿＿＿＿＿＿ しましたか。

여　＿＿＿＿＿＿ ＿＿＿＿＿＿、コーヒーを ＿＿＿＿＿＿。

　　それから ＿＿＿＿＿＿ 本を ＿＿＿＿＿＿、

　　テレビで 映画を 見ました。

　　午後は ＿＿＿＿＿＿に 行きました。

남　そうですか。＿＿＿＿＿＿の ため ＿＿＿＿＿＿＿＿＿＿。

여　はい、早く 寝ます。

남　それじゃ ゆっくり ＿＿＿＿＿＿。

なに
何を して いますか。

무엇을 하고 있습니까?

**1** 다음 일본어의 뜻을 쓰세요.

いま
**1** 今 → _____

おんがく
**2** 音楽 → _____

き
**3** 聞く → _____

こうえん
**4** 公園 → _____

ゆうめい
**5** 有名だ → _____

か しゅ
**6** 歌手 → _____

うた
**7** 歌 → _____

うた
**8** 歌う → _____

みち こ
**9** 道が 混む → _____

だいじょう ぶ
**10** 大丈夫だ → _____

## 2 다음 단어를 일본어로 쓰세요.

1 지금 → _____

2 음악 → _____

3 듣다 → _____

4 공원 → _____

5 유명하다 → _____

6 가수 → _____

7 노래 → _____

8 (노래를) 부르다 → _____

9 길이 밀리다, 길이 붐비다 → _____

10 괜찮다 → _____

**3** 다음을 일본어로 바꾸세요.

**1** 음악을 듣고 있습니다.

→ _____

**2** 공원에 가지 않겠습니까?

→ _____

**3** 지금 공원에서 유명한 가수가 노래를 부르고 있습니다.

→ _____

**4** 갑시다.

→ _____

**4** 다음을 듣고 질문에 알맞은 답을 고르세요. 듣기 하나에 질문이 두 개입니다.

🎧 **W35** 질문1 田中さんは 何を して いますか。
질문2 何で 公園へ 行きますか。

질문1 ① 映画を 見て います。
② 友だちに 会って います。
③ 友だちを 待って います。
④ おいしい ものを 食べて います。

질문2 ① バスで 行<sup>い</sup>きます。

② 車<sup>くるま</sup>で 行<sup>い</sup>きます。

③ タクシーで 行<sup>い</sup>きます。

④ 電車<sup>でんしゃ</sup>で 行<sup>い</sup>きます。

**5** 다음 대화를 듣고 빈칸을 채우세요. 🎧 W 36

남　ゆりえさん、今<sup>いま</sup> 何<sup>なに</sup>を _____。

여　音楽<sup>おんがく</sup>を _____ います。

남　そうですか。_____ へ _____。

　　今<sup>いま</sup>、_____ で 有名<sup>ゆうめい</sup>な 歌手<sup>かしゅ</sup>が 歌<sup>うた</sup>を _____。

여　今<sup>いま</sup>、道<sup>みち</sup>が _____ いませんか。

남　_____ ですよ。_____。

CHAPTER

15

はな
話しても いいです。

이야기해도 됩니다.

**1** 다음 일본어의 뜻을 쓰세요.

1 博物館　(はくぶつかん) → ＿＿＿＿＿＿＿＿＿＿＿＿＿＿

2 小さい　(ちい) → ＿＿＿＿＿＿＿＿＿＿＿＿＿＿

3 声　(こえ) → ＿＿＿＿＿＿＿＿＿＿＿＿＿＿

4 話す　(はな) → ＿＿＿＿＿＿＿＿＿＿＿＿＿＿

5 写真　(しゃしん) → ＿＿＿＿＿＿＿＿＿＿＿＿＿＿

6 撮る　(と) → ＿＿＿＿＿＿＿＿＿＿＿＿＿＿

7 絵　(え) → ＿＿＿＿＿＿＿＿＿＿＿＿＿＿

8 触る　(さわ) → ＿＿＿＿＿＿＿＿＿＿＿＿＿＿

9 走る　(はし) → ＿＿＿＿＿＿＿＿＿＿＿＿＿＿

10 食べ物　(た・もの) → ＿＿＿＿＿＿＿＿＿＿＿＿＿＿

11 入る　(はい) → ＿＿＿＿＿＿＿＿＿＿＿＿＿＿

**2** 다음 단어를 일본어로 쓰세요.

**1** 박물관 → _____

**2** 작다 → _____

**3** 목소리 → _____

**4** 이야기하다, 말하다 → _____

**5** 사진 → _____

**6** (사진을) 찍다 → _____

**7** 그림 → _____

**8** 만지다 → _____

**9** 달리다, 뛰다 → _____

**10** 음식 → _____

**11** 들어가다, 들어오다 → _____

**3** 다음을 일본어로 바꾸세요.

**1** 작은 목소리로는 이야기해도 됩니다.

→ _____

**2** 사진을 찍어도 됩니다.

→ _____

**3** 뛰어서는 안 됩니다.

→ _____

**4** 음식을 먹어서는 안 됩니다.

→ _____


**4** 다음을 듣고 질문에 알맞은 답을 고르세요.

**1** 🎧 W37 질문 何を して うちへ 帰っても いいですか。

① 勉強を して うちへ 帰っても いいです。

② 仕事を して うちへ 帰っても いいです。

③ 運動を して うちへ 帰っても いいです。

④ 買い物を して うちへ 帰っても いいです。

**2** 🎧 W38 질문 ここでは 何を しては いけませんか。

① 電話を しては いけません。

② 食べ物を 食べては いけません。

③ 写真を 撮っては いけません。

④ 話しては いけません。

**5** 다음 대화를 듣고 빈칸을 채우세요. 🎧 **W39**

여1 　この 博物館<sup>はくぶっかん</sup>では ＿＿＿＿＿＿ 声<sup>こえ</sup>では ＿＿＿＿＿＿ いいです。

写真<sup>しゃしん</sup>を ＿＿＿＿＿＿ いいです。

남 　そうですか。絵<sup>え</sup>＿＿＿＿＿＿ 触<sup>さわ</sup>っても ＿＿＿＿＿＿。

여1 　いいえ、絵<sup>え</sup>に ＿＿＿＿＿＿ いけません。そして

＿＿＿＿＿＿ いけません。

여2 　わかりました。＿＿＿＿＿＿は 食<sup>た</sup>べては いけませんね。

여1 　はい、そうです。＿＿＿＿＿＿＿ ください。

**CHAPTER 1** 워크북 2p

**1**
1 처음 뵙겠습니다      2 나, 저
3 ~은/는            4 ~입니다
5 부디              6 잘
7 부탁합니다          8 나 〈남자〉
9 저야말로           10 너, 당신
11 학생             12 ~입니까?
13 아니요            14 ~이/가 아닙니다

**2**
1 はじめまして        2 わたし
3 ~は             4 ~です
5 どうぞ            6 よろしく
7 おねがいします      8 ぼく
9 こちらこそ         10 あなた
11 がくせい          12 ~ですか
13 いいえ
14 ~じゃ ありません

**3**
1 はじめまして。
2 どうぞ よろしく おねがいします。
3 わたしは キム・シウです。
4 あなたは がくせいですか。
5 いいえ、わたしは がくせいじゃ
　 ありません。

**4** 1 ③

스크립트

A あなたは がくせいですか。
B いいえ、わたしは がくせいじゃ あり
　 ません。わたしは かいしゃいんです。

┈┈┈┈┈┈┈┈┈┈┈┈┈┈┈┈┈┈┈

A 당신은 학생입니까?
B 아니요, 저는 학생이 아닙니다. 저는 회사원입니다.

**5**
남 <u>はじめまして</u>。<u>ぼく</u>は キム・シウで
　 す。どうぞ よろしく <u>おねがいしま</u>
　 <u>す</u>。

여 はじめまして。<u>わたし</u>は たなか ゆ
　 りえです。
　 <u>こちらこそ</u> どうぞ よろしく。

남 <u>あなた</u>は がくせいですか。

여 <u>いいえ</u>、わたしは <u>がくせいじゃ あ</u>
　 <u>りません</u>。かいしゃいんです。

**CHAPTER 2** 워크북 6p

**1**
1 이것              2 무엇
3 그것              4 일본어
5 ~의              6 책
7 ~도              8 친구
9 ~의 것입니다       10 그럼
11 노트             12 네(긍정의 대답)

**2**  1  これ 　　　　　　2  なん
　　3  それ 　　　　　　4  にほんご
　　5  ～の 　　　　　　6  ほん
　　7  ～も 　　　　　　8  ともだち
　　9  ～のです 　　　　10  では
　　11  ノート 　　　　　12  はい

**3**  1  これは なんですか。
　　2  それは にほんごの ほんです。
　　3  これも あなたの ほんですか。
　　4  ともだちのです。

**4**  1  ③

스크립트

A  これは あなたの ほんですか。
B  いいえ、わたしの ほんじゃ ありま
　　せん。ともだちのです。

A  이것은 당신의 책입니까?
B  아니요, 제 책이 아닙니다. 친구의 것입니다.

**5**  여  これは なんですか。
　　남  それは わたしの にほんごの ほんです。
　　여  あれも シウさんの ほんですか。
　　남  いいえ、あれは わたしの ほんじゃ
　　　　ありません。ともだちの スミスの
　　　　です。
　　여  では、それも スミスさんの ノート
　　　　ですか。
　　남  いいえ、これは わたしのです。

CHAPTER 3 　워크북 10p

**1**  1  저기
　　2  어디입니까?
　　3  백화점
　　4  휴일
　　5  언제입니까?
　　6  매주
　　7  월요일
　　8  그렇습니까?
　　9  어제
　　10  ～이었습니까?
　　11  세일
　　12  ～이어서, ～이기 때문에
　　13  ～이/가 아니었습니다
**2**  1  あそこ
　　2  どこですか
　　3  デパート
　　4  やすみ
　　5  いつですか
　　6  まいしゅう
　　7  げつようび
　　8  そうですか
　　9  きのう
　　10  ～でしたか
　　11  セール
　　12  ～で
　　13  ～じゃ ありませんでした

**3**  1  あそこは JKデパートです。
　　2  デパートの やすみは いつですか。
　　3  きのうは やすみでしたか。
　　4  やすみじゃ ありませんでした。

**4** 1 ④  2 ②

스크립트 1

きょうは　きんようびです。

오늘은 금요일입니다.

스크립트 2

A　きのうは　がっこうの　やすみでしたか。

B　いいえ、がっこうの　やすみじゃ　あ
　　りませんでした。デパートの　やすみ
　　でした。

A　어제는 학교의 휴일이었습니까?

B　아니요, 학교의 휴일이 아니었습니다. 백화점의 휴일
　　이었습니다.

**5**　남1　あそこは　どこですか。

　　남2　あそこは　JKデパートです。

　　남1　あ、デパートですか。デパートの　や
　　　　すみは　いつですか。

　　남2　デパートの　やすみは　まいしゅう　げ
　　　　つようびです。

　　남1　そうですか。では、きのうは　やすみ
　　　　でしたか。

　　남2　いいえ、きのうは　セールで、やすみ
　　　　じゃ　ありませんでした。

---

**CHAPTER 4**　워크북 14p

**1**　1　슈퍼　　　　　　2　몇 시
　　3　~부터　　　　　4　~까지
　　5　오전　　　　　　6　오후
　　7　과일　　　　　　8　싸다
　　9　맛있다　　　　　10　야채
　　11　고기　　　　　12　생선

---

**2**　1　スーパー　　　　2　なんじ
　　3　~から　　　　　4　~まで
　　5　ごぜん　　　　　6　ごご
　　7　くだもの　　　　8　やすい
　　9　おいしい　　　　10　やさい
　　11　にく　　　　　12　さかな

**3**　1　スーパーは　ごぜん　くじから　ごご
　　　じゅうじまでです。
　　2　やすくて　おいしいです。
　　3　やさいと　にくも　やすいです。
　　4　さかなは　やすく　ありません。

**4**　1 ③　2 ②

스크립트 1

やさいは　とても　やすいです。にくは
やすく　ありません。

야채는 매우 쌉니다. 고기는 싸지 않습니다.

스크립트 2

A　スーパーは　なんじから　なんじまで
　　ですか。

B　ごぜん　じゅうじから　ごご　しちじ
　　までです。

A　슈퍼는 몇 시부터 몇 시까지입니까?

B　오전 10시부터 오후 7시까지입니다.

**5**　남　スーパーは　なんじから　なんじまで
　　　ですか。

　　여　スーパーは　ごぜん　くじから　ごご
　　　じゅうじまでです。

　　남　そうですか。スーパーの　くだものは
　　　どうですか。

여　<u>やすくて</u>　おいしいです。やさいと
　　にくも　<u>やすいです</u>。

남　さかなも　やすいですか。

여　いいえ、さかなは　<u>やすく　ありません</u>。

**CHAPTER 5** 워크북 18p

**1** 1 사과 2 얼마입니까?
3 하나 4 400
5 ~엔(일본의 화폐 단위)
6 셋 7 1,000
8 신선하다 9 배(과일)
10 좋아하다 11 ~만, ~뿐

**2** 1 りんご 2 いくらですか
3 ひとつ 4 よんひゃく
5 ~えん 6 みっつ
7 せん 8 しんせんだ
9 なし 10 すきだ
11 ~だけ

**3** 1 ひとつ　よんひゃくえんです。
2 しんせんで　おいしいです。
3 なしは　すきじゃ　ありません。
4 りんごだけが　すきです。

**4** 1 ② 2 ①

스크립트 1

A　りんごは　いくらですか。

B　りんごは　いつつで　せんえんです。

A 사과는 얼마입니까?

B 사과는 다섯 개에 1,000엔입니다.

스크립트 2

A　たなかさん、なしが　すきですか。

B　いいえ、なしは　すきじゃ　ありません。
　　わたしは　りんごが　すきです。

A 다나카 씨, 배를 좋아합니까?

B 아니요, 배는 좋아하지 않습니다. 저는 사과를 좋아
합니다.

**5** 남　りんごは　<u>いくらですか</u>。

여　<u>ひとつ</u>　よんひゃくえん、
　　<u>みっつで</u>　せんえんです。

남　<u>おいしいですか</u>。

여　この　りんごは　<u>しんせんで</u>　おいしい
　　です。この　なしも　おいしいです。

남　なしは　<u>すきじゃ　ありません</u>。りん
　　ごだけ<u>が</u>　すきです。

**CHAPTER 6** 워크북 22p

**1** 1 예쁘다, 깨끗하다 2 스커트
3 ~(이)군요 4 갖고 싶다
5 ~입니다만, ~이지만
6 비싸다 7 ~이에요
8 그렇게 9 귀엽다
10 화려하다 11 조금
12 수수하다

**2** 1 きれいだ 2 スカート
3 ~ですね 4 ほしい
5 ~ですが 6 たかい
7 ~ですよ 8 そんなに

9 かわいい 10 はでだ
11 すこし 12 じみだ

3 1 きれいな スカートですね。
　2 きれいで そんなに たかく ありません。
　3 かわいい スカートですが、はでです。
　4 すこし じみな スカートが ほしいです。

4 1④ 2①

スクリプト1
わたしは スカートが ほしいです。すこし じみで やすい スカートが ほしいです。

저는 스커트를 갖고 싶습니다. 조금 수수하고 싼 스커트를 갖고 싶습니다.

スクリプト2
A たなかさん、あなたは くだものが すきですか。
B はい、すきです。いま、りんごが ほしいです。

A 다나카 씨, 당신은 과일을 좋아합니까?
B 네, 좋아합니다. 지금 사과를 갖고 싶습니다.

5 남 これ、どうですか。
　여 ええ、きれいな スカートですね。ほしいですが、たかいですよ。
　남 では、これは どうですか。かわいくて そんなに たかく ありません。
　여 かわいい スカートですが、はでです。すこし じみな スカートが ほしいです。

---

CHAPTER 7 워크북 26p

1 1 영어 2 시험
　3 어땠습니까? 4 간단하다
　5 매우, 아주 6 어렵다
　7 힘들다, 큰일이다 8 그래도, 하지만
　9 일본어 10 전혀
　11 잘됐다

2 1 えいご 2 しけん
　3 どうでしたか 4 かんたんだ
　5 とても 6 むずかしい
　7 たいへんだ 8 でも
　9 にほんご 10 ぜんぜん
　11 よかった

3 1 かんたんじゃ ありませんでした。
　2 とても むずかしかったです。
　3 たいへんでしたね。
　4 むずかしく ありませんでした。

4 1② 2③

スクリプト1
スカートが ほしいですが、たかかったです。すこし やすい ものが ほしかったです。

스커트를 갖고 싶었습니다만 비쌌습니다. 조금 싼 것을 갖고 싶었습니다.

スクリプト2
えいごの しけんは とても むずかしかったですが、にほんごの しけんは むずかしく ありませんでした。

영어 시험은 아주 어려웠지만 일본어 시험은 어렵지 않았습니다.

**5** 남1 えいごの しけんは <u>どうでしたか</u>。

남2 <u>かんたん</u>じゃ ありませんでした。と
ても <u>むずかしかったです</u>。

남1 <u>たいへんでした</u>ね。

남2 でも、にほんごは <u>ぜんぜん</u> むずか
しく ありませんでした。

남1 それは <u>よかったですね</u>。

---

**CHAPTER 8** 워크북 30p

**1** 1 책상     2 위

3 무엇이     4 있습니까?

5 연필     6 ~(이)랑

7 볼펜     8 지우개

9 ~등     10 사전

11 없습니다     12 밑, 아래

13 아무것도

**2** 1 机     2 上

3 何が     4 ありますか

5 鉛筆     6 ~や

7 ボールペン     8 消しゴム

9 ~など     10 辞書

11 ありません     12 下

13 何も

**3** 1 机の 上に 何が ありますか。

2 鉛筆や ボールペンや 消しゴム
などが あります。

3 辞書は ありません。

4 椅子の 下に 何か ありますか。

5 いいえ、何も ありません。

**4** 1 ②   2 ③

스크립트 1

A 机の 上に 何が ありますか。

B 机の 上に ノートや 本や 鉛筆
などが あります。

---

A 책상 위에 무엇이 있습니까?

B 책상 위에 노트랑 책이랑 연필 등이 있습니다.

스크립트 2

A 椅子の 上に かばんが ありますか。

B いいえ、椅子の 上に 本が あります。

A では、椅子の 下に かばんが あり
ますか。

B いいえ、椅子の 下には 何も あり
ません。

---

A 의자 위에 가방이 있습니까?

B 아니요, 의자 위에 책이 있습니다.

A 그럼, 의자 밑에 가방이 있습니까?

B 아니요, 의자 밑에는 아무것도 없습니다.

**5** 남1 <u>机の 上に</u> 何が ありますか。

남2 鉛筆や ボールペンや 消しゴム
などが <u>あります</u>。

남1 <u>辞書</u>も ありますか。

남2 いいえ、辞書は <u>ありません</u>。

남1 <u>椅子の 下に 何か</u> ありますか。

남2 いいえ、<u>何も ありません</u>。

## CHAPTER 9

워크북 34p

**1**　1　누구

　　2　있습니까?(사람, 동물)

　　3　아버지

　　4　남동생

　　5　있습니다(사람, 동물)

　　6　어머니

　　7　없습니다(사람, 동물)

　　8　부엌

　　9　거실

　　10　누군가

　　11　누구도, 아무도

**2**　1　誰（だれ）　　　　　2　いますか

　　3　父（ちち）　　　　　4　弟（おとうと）

　　5　います　　　　　6　母（はは）

　　7　いません　　　　8　台所（だいどころ）

　　9　居間（いま）　　　10　誰（だれ）か

　　11　誰（だれ）も

**3**　1　部屋（へや）の　中（なか）に　誰（だれ）が　いますか。

　　2　父（ちち）と　弟（おとうと）が　います。

　　3　母（はは）は　いません。

　　4　居間（いま）に　誰（だれ）か　いますか。

　　5　いいえ、誰（だれ）も　いません。

**4**　1　③　2　④

스크립트 1
A　部屋（へや）の　中（なか）に　誰（だれ）が　いますか。
B　部屋（へや）の　中（なか）に　母（はは）と　父（ちち）と　私（わたし）が　います。

A　방 안에 누가 있습니까?
B　방 안에 어머니와 아버지와 제가 있습니다.

스크립트 2
A　事務室（じむしつ）に　誰（だれ）が　いますか。
B　田中（たなか）さんと　山田（やまだ）さんが　います。
A　鈴木（すずき）さんも　いますか。
B　いいえ、鈴木（すずき）さんは　いません。

A　사무실에 누가 있습니까?
B　다나카 씨와 야마다 씨가 있습니다.
A　스즈키 씨도 있습니까?
B　아니요, 스즈키 씨는 없습니다.

**5**　남1　部屋（へや）の　中（なか）に　誰（だれ）が　いますか。
　　남2　父（ちち）と　弟（おとうと）が　います。
　　남1　お母（かあ）さんも　いますか。
　　남2　いいえ、母（はは）は　いません。
　　　　母（はは）は　台所（だいどころ）に　います。
　　남1　居間（いま）に　誰（だれ）か　いますか。
　　남2　いいえ、誰（だれ）も　いません。

## CHAPTER 10

워크북 38p

**1**　1　일어나다, 기상하다

　　2　그러고 나서

　　3　무엇을

　　4　하다

　　5　아침밥

　　6　~을/를

　　7　텔레비전

　　8　보다

　　9　아침

　　10　집

　　11　나서다, 나가다, 나오다

**2** 1 起きる 2 それから
3 何を 4 する
5 朝ごはん 6 〜を
7 テレビ 8 見る
9 朝 10 うち
11 出る

**3** 1 あなたは 何時に 起きますか。
2 何を しますか。
3 朝ごはんを 食べます。
4 テレビは 見ません。
5 8時に うちを 出ます。

**4** 1 ③ 2 ②

스크립트 1

A あなたは 7時に 起きますか。
B はい。田中さんも 7時に 起きますか。
A いいえ、僕は 8時に 起きます。

A 당신은 7시에 일어납니까?
B 네. 다나카 씨도 7시에 일어납니까?
A 아니요, 저는 8시에 일어납니다.

스크립트 2

田中さんは 7時に 起きます。それから、コーヒーを 飲みます。朝ごはんは 食べません。テレビを 見ます。8時に うちを 出ます。

다나카 씨는 7시에 일어납니다. 그러고 나서 커피를 마십니다. 아침밥은 먹지 않습니다. 텔레비전을 봅니다. 8시에 집을 나섭니다.

**5** 남 あなたは 何時に 起きますか。

여 私は 7時に 起きます。
남 それから、何を しますか。
여 朝ごはんを 食べます。
남 テレビを 見ますか。
여 いいえ。朝は、テレビは 見ません。
남 何時に うちを 出ますか。
여 8時に うちを 出ます。

**CHAPTER 11** 워크북 42p

**1** 1 회사 2 가다
3 전차, 전철 4 몇 분
5 ~정도 6 걸리다
7 일, 업무 8 곧
9 돌아가다 10 가끔
11 친구 12 ~을/를 만나다
13 대개

**2** 1 会社 2 行く
3 電車 4 何分
5 〜くらい(ぐらい) 6 かかる
7 仕事 8 すぐ
9 帰る 10 たまに
11 友だち 12 〜に 会う
13 たいてい

**3** 1 会社は 何で 行きますか。
2 電車で 行きます。
3 30分ぐらい かかります。
4 仕事を しますか。
5 たまに 友だちに 会います。

**4** [질문1] ② [질문2] ③

스크립트

私は 8時に うちを 出ます。それか
ら、午後 4時まで 学校に います。た
まに、友だちに 会いますが、5時には
うちへ 帰ります。

저는 8시에 집을 나섭니다. 그러고 나서 오후 4시까지 학
교에 있습니다. 가끔 친구를 만납니다만, 5시에는 집으로
돌아갑니다.

**5** 남　会社は 何で 行きますか。
　　여　会社は 電車で 行きます。
　　남　会社までは 何分ぐらい かかりますか。
　　여　30分ぐらい かかります。
　　남　何時から 何時まで 仕事を しますか。
　　여　9時から 6時までです。
　　남　すぐ うちへ 帰りますか。
　　여　たまに 友だちに 会いますが、
　　　　たいてい うちへ 帰ります。

---

**CHAPTER 12**　워크북 46p

**1**　1　어제　　　　　2　영화
　　3　잔업　　　　　4　유감스럽다
　　5　후, 나중　　　6　한잔
　　7　마시다　　　　8　맛있다
　　9　것, 물건　　　10　많이
　　11　기분　　　　12　좋았습니다

**2**　1　昨日　　　　　2　映画
　　3　残業　　　　　4　残念だ

---

5　後　　　　　　6　一杯
7　飲む　　　　　8　おいしい
9　もの　　　　　10　たくさん
11　気持ち　　　12　よかったです

**3**　1　昨日、映画を 見ましたか。
　　2　いいえ、見ませんでした。
　　3　会社に いました。
　　4　残業の 後、一杯 飲みました。
　　5　おいしい もの たくさん 食べました。

**4** [질문1] ④ [질문2] ③

스크립트

A　昨日、田中さんは 何を しましたか。
B　私は 映画を 見ました。それから、
　　友だちに 会いました。鈴木さんは
　　何を しましたか。
A　うちに いました。

---

A　어제 다나카 씨는 무엇을 했습니까?
B　저는 영화를 봤습니다. 그러고 나서 친구를 만났습니다.
　　스즈키 씨는 무엇을 했습니까?
A　집에 있었습니다.

**5**　남　昨日、映画を 見ましたか。
　　여　いいえ、見ませんでした。
　　　　残業で、会社に いました。
　　남　残念でしたね。
　　여　でも、残業の 後、一杯 飲みました。
　　　　おいしい もの、たくさん 食べまし
　　　　た。気持ち よかったですよ。

## CHAPTER 13  워크북 50p

**1**
| | |
|---|---|
| 1 늦게 | 2 커피 |
| 3 조용히, 조용하게 | 4 읽다 |
| 5 오후 | 6 쇼핑 |
| 7 ~하러 가다 | 8 내일 |
| 9 빨리 | 10 자다 |
| 11 그럼 | 12 푹, 천천히 |
| 13 쉬다 | |

**2**
| | |
|---|---|
| 1 遅く | 2 コーヒー |
| 3 静かに | 4 読む |
| 5 午後 | 6 買い物 |
| 7 ~に 行く | 8 明日 |
| 9 早く | 10 寝る |
| 11 それじゃ | 12 ゆっくり |
| 13 休む | |

**3**
1 遅く 起きて コーヒーを 飲みました。
2 静かに 本を 読んで、テレビで 映画 を 見ました。
3 午後は 買い物に 行きました。
4 じゃ、ゆっくり 休んで ください。

**4** 질문1 ③  질문2 ④

스크립트
私は 朝 起きて ごはんを 食べて コーヒーを 飲みました。それから、 友だちに 会って 映画を 見ました。 そして、買い物を しました。晩ごはん を 食べて 遅く うちへ 帰りました。

*そして 그리고

저는 아침에 일어나서 밥을 먹고 커피를 마셨습니다. 그 러고 나서 친구를 만나 영화를 봤습니다. 그리고 쇼핑을 했습니다. 저녁밥을 먹고 늦게 집으로 돌아갔습니다.

**5**
남 今日、何を しましたか。
여 遅く 起きて、コーヒーを 飲みました。 それから 静かに 本を 読んで、テレ ビで 映画を 見ました。 午後は 買い物に 行きました。
남 そうですか。明日の ため 早く 寝て ください。
여 はい、早く 寝ます。
남 それじゃ ゆっくり 休んで ください。

## CHAPTER 14  워크북 54p

**1**
| | |
|---|---|
| 1 지금 | 2 음악 |
| 3 듣다 | 4 공원 |
| 5 유명하다 | 6 가수 |
| 7 노래 | 8 (노래를) 부르다 |
| 9 길이 밀리다, 길이 붐비다 | |
| 10 괜찮다 | |

**2**
| | |
|---|---|
| 1 今 | 2 音楽 |
| 3 聞く | 4 公園 |
| 5 有名だ | 6 歌手 |
| 7 歌 | 8 歌う |
| 9 道が 混む | 10 大丈夫だ |

**3**
1 音楽を 聞いて います。
2 公園へ 行きませんか。
3 今 公園で 有名な 歌手が 歌を 歌って います。
4 行きましょう。

**스크립트1**

A 田中さんは 今 何を して いますか。

B 友だちを 待って います。

A 友だちに 会って 何を しますか。

B 電車で 公園へ 行きます。

---

A 다나카 씨는 지금 무엇을 하고 있습니까?

B 친구를 기다리고 있습니다.

A 친구를 만나서 무엇을 합니까?

B 전철로 공원에 갑니다.

5 남 ゆりえさん、今 何を して いますか。

여 音楽を 聞いて います。

남 そうですか。公園へ 行きませんか。
今、公園で 有名な 歌手が 歌を
歌って います。

여 今、道が 込んで いませんか。

남 大丈夫ですよ。行きましょう。

## CHAPTER 15 워크북 58p

1 1 박물관　　2 작다

3 목소리　　4 이야기하다, 말하다

5 사진　　　6 (사진을) 찍다

7 그림　　　8 만지다

9 달리다, 뛰다　　10 음식

11 들어가다, 들어오다

2 1 博物館　　2 小さい

3 声　　　4 話す

5 写真　　　6 撮る

7 絵　　　8 触る

9 走る　　　10 食べ物

11 入る

3 1 小さい 声では 話しても いいです。

2 写真を 撮っても いいです。

3 走っては いけません。

4 食べ物を 食べては いけません。

4 1 ②　2 ③

**스크립트1**

A 今、うちへ 帰っても いいですか。

B いいえ、帰っては いけません。仕事
を して 帰って ください。

---

A 지금 집에 돌아가도 됩니까?

B 아니요, 돌아가서는 안 됩니다. 일을 하고 돌아가세요.

**스크립트2**

ここでは 話しても いいです。電話を
しても いいです。写真を 撮っては
いけません。食べ物を 食べても いい
です。

이곳에서는 이야기해도 됩니다. 전화를 해도 됩니다. 사
진을 찍어서는 안 됩니다. 음식을 먹어도 됩니다.

5 여1 この 博物館では 小さい 声では 話
しても いいです。写真を 撮っても
いいです。

남 そうですか。絵に 触っても いいで
すか。

여1 いいえ、絵に 触っては いけませ
ん。そして 走っては いけません。

여2 わかりました。食べ物は 食べては
いけませんね。

여1 はい、そうです。それじゃ 入って
ください。

# 가나·한자
# 쓰기노트

📖 동양북스

| あ | ー | 十 | あ | あ | あ | あ | あ |
|---|---|---|---|---|---|---|---|
| 아[a] | | | | | | | |

| い | い | い | い | い | い | い | い |
|---|---|---|---|---|---|---|---|
| 이[i] | | | | | | | |

| う | ` | う | う | う | う | う | う |
|---|---|---|---|---|---|---|---|
| 우[u] | | | | | | | |

| え | ` | え | え | え | え | え | え |
|---|---|---|---|---|---|---|---|
| 에[e] | | | | | | | |

| お | ` | お | お | お | お | お | お |
|---|---|---|---|---|---|---|---|
| 오[o] | | | | | | | |

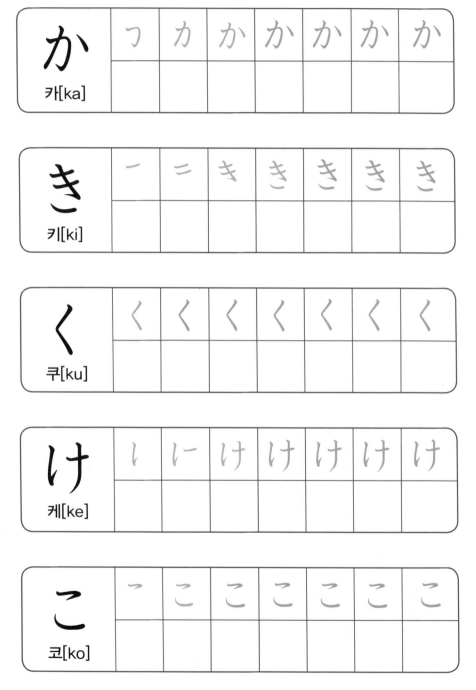

| か | つ | カ | か | か | か | か | か |
| 카[ka] | | | | | | | |

| き | 一 | 二 | き | き | き | き | き |
| 키[ki] | | | | | | | |

| く | く | く | く | く | く | く | く |
| 쿠[ku] | | | | | | | |

| け | レ | lー | け | け | け | け | け |
| 케[ke] | | | | | | | |

| こ | つ | こ | こ | こ | こ | こ | こ |
| 코[ko] | | | | | | | |

## |히라가나 청음清音| '청음'은 맑은 소리란 뜻.

| さ | ー | さ | さ | さ | さ | さ | さ |
|---|---|---|---|---|---|---|---|
| 사[sa] | | | | | | | |

| し | し | し | し | し | し | し | し |
|---|---|---|---|---|---|---|---|
| 시[shi] | | | | | | | |

| す | ー | す | す | す | す | す | す |
|---|---|---|---|---|---|---|---|
| 스[su] | | | | | | | |

| せ | ー | ナ | せ | せ | せ | せ | せ |
|---|---|---|---|---|---|---|---|
| 세[se] | | | | | | | |

| そ | そ | そ | そ | そ | そ | そ | そ |
|---|---|---|---|---|---|---|---|
| 소[so] | | | | | | | |

| た | ー | ナ | た | た | た | た | た |
|---|---|---|---|---|---|---|---|
| 타[ta] | | | | | | | |

| ち | ー | ち | ち | ち | ち | ち | ち |
|---|---|---|---|---|---|---|---|
| 치[chi] | | | | | | | |

| つ | つ | つ | つ | つ | つ | つ | つ |
|---|---|---|---|---|---|---|---|
| 츠[tsu] | | | | | | | |

| て | て | て | て | て | て | て | て |
|---|---|---|---|---|---|---|---|
| 테[te] | | | | | | | |

| と | ヽ | と | と | と | と | と | と |
|---|---|---|---|---|---|---|---|
| 토[to] | | | | | | | |

# |히라가나 청음<sup>清音</sup>| '청음'은 맑은 소리란 뜻.

| な | ー | ナ | ナ | な | な | な | な |
|---|---|---|---|---|---|---|---|
| 나[na] | | | | | | | |

| に | い | に | に | に | に | に | に |
|---|---|---|---|---|---|---|---|
| 니[ni] | | | | | | | |

| ぬ | い | ぬ | ぬ | ぬ | ぬ | ぬ | ぬ |
|---|---|---|---|---|---|---|---|
| 누[nu] | | | | | | | |

| ね | l | ね | ね | ね | ね | ね | ね |
|---|---|---|---|---|---|---|---|
| 네[ne] | | | | | | | |

| の | の | の | の | の | の | の | の |
|---|---|---|---|---|---|---|---|
| 노[no] | | | | | | | |

6

| は | し | に | は | は | は | は | は |
|---|---|---|---|---|---|---|---|
| 하[ha] | | | | | | | |

| ひ | ひ | ひ | ひ | ひ | ひ | ひ | ひ |
|---|---|---|---|---|---|---|---|
| 히[hi] | | | | | | | |

| ふ | ` | ふ | ふ | ふ | ふ | ふ | ふ |
|---|---|---|---|---|---|---|---|
| 후[fu] | | | | | | | |

| へ | へ | へ | へ | へ | へ | へ | へ |
|---|---|---|---|---|---|---|---|
| 헤[he] | | | | | | | |

| ほ | し | に | に | ほ | ほ | ほ | ほ |
|---|---|---|---|---|---|---|---|
| 호[ho] | | | | | | | |

| | 一 | 二 | ま | ま | ま | ま | ま |
|---|---|---|---|---|---|---|---|
| ま 마[ma] | | | | | | | |

| | み | み | み | み | み | み | み |
|---|---|---|---|---|---|---|---|
| み 미[mi] | | | | | | | |

| | 一 | む | む | む | む | む | む |
|---|---|---|---|---|---|---|---|
| む 무[mu] | | | | | | | |

| | ＼ | め | め | め | め | め | め |
|---|---|---|---|---|---|---|---|
| め 메[me] | | | | | | | |

| | し | も | も | も | も | も | も |
|---|---|---|---|---|---|---|---|
| も 모[mo] | | | | | | | |

| や | つ | つ | や | や | や | や | や |
|---|---|---|---|---|---|---|---|
| 야[ya] | | | | | | | |

| ゆ | い | ゆ | ゆ | ゆ | ゆ | ゆ | ゆ |
|---|---|---|---|---|---|---|---|
| 유[yu] | | | | | | | |

| よ | ` | よ | よ | よ | よ | よ | よ |
|---|---|---|---|---|---|---|---|
| 요[yo] | | | | | | | |

쓰기 어려운 글자 연습

에

오

소

나

누

미

9

ら ` ら ら ら ら ら ら
라[ra]

り ı り り り り り り
리[ri]

る る る る る る る る
루[ru]

れ Ⅰ れ れ れ れ れ れ
레[re]

ろ ろ ろ ろ ろ ろ ろ ろ
로[ro]

| わ<br>와[wa] | l | わ | わ | わ | わ | わ | わ |
| --- | --- | --- | --- | --- | --- | --- | --- |
| | | | | | | | |

| を<br>오[o] | 一 | ナ | を | を | を | を | を |
| --- | --- | --- | --- | --- | --- | --- | --- |
| | | | | | | | |

| ん<br>응[N] | ん | ん | ん | ん | ん | ん | |
| --- | --- | --- | --- | --- | --- | --- | --- |
| | | | | | | | |

## 쓰기 어려운 글자 연습

| め | ひ | る |
| --- | --- | --- |
| 메 | 히 | 루 |
| れ | わ | を |
| 레 | 와 | 오 |

# |가타카나 청음<sup>清音</sup>| '청음'은 맑은 소리란 뜻.

| ア | ⁻ | ア | ア | ア | ア | ア | ア |
|---|---|---|---|---|---|---|---|
| 아[a] | | | | | | | |

| イ | ⁄ | イ | イ | イ | イ | イ | イ |
|---|---|---|---|---|---|---|---|
| 이[i] | | | | | | | |

| ウ | ' | '' | ウ | ウ | ウ | ウ | ウ |
|---|---|---|---|---|---|---|---|
| 우[u] | | | | | | | |

| エ | ⁻ | ㄱ | エ | エ | エ | エ | エ |
|---|---|---|---|---|---|---|---|
| 에[e] | | | | | | | |

| オ | ⁻ | ナ | オ | オ | オ | オ | オ |
|---|---|---|---|---|---|---|---|
| 오[o] | | | | | | | |

| カ<br>카[ka] | フ | カ | カ | カ | カ | カ | カ |
|---|---|---|---|---|---|---|---|
| | | | | | | | |

| キ<br>키[ki] | 一 | ニ | キ | キ | キ | キ | キ |
|---|---|---|---|---|---|---|---|
| | | | | | | | |

| ク<br>쿠[ku] | ノ | ク | ク | ク | ク | ク | ク |
|---|---|---|---|---|---|---|---|
| | | | | | | | |

| ケ<br>케[ke] | ノ | ー | ケ | ケ | ケ | ケ | ケ |
|---|---|---|---|---|---|---|---|
| | | | | | | | |

| コ<br>코[ko] | ｺ | コ | コ | コ | コ | コ | コ |
|---|---|---|---|---|---|---|---|
| | | | | | | | |

# |가타카나 청음<sup>清音</sup>| '청음'은 맑은 소리란 뜻.

| サ | 一 | 十 | サ | サ | サ | サ | サ |
|---|---|---|---|---|---|---|---|
| 사[sa] | | | | | | | |

| シ | ` | ` | シ | シ | シ | シ | シ |
|---|---|---|---|---|---|---|---|
| 시[shi] | | | | | | | |

| ス | フ | ス | ス | ス | ス | ス | ス |
|---|---|---|---|---|---|---|---|
| 스[su] | | | | | | | |

| セ | 一 | セ | セ | セ | セ | セ | セ |
|---|---|---|---|---|---|---|---|
| 세[se] | | | | | | | |

| ソ | ` | ソ | ソ | ソ | ソ | ソ | ソ |
|---|---|---|---|---|---|---|---|
| 소[so] | | | | | | | |

タ
타[ta]

チ
치[chi]

ツ
츠[tsu]

テ
테[te]

ト
토[to]

15

# |가타카나 청음<sup>清音</sup>| '청음'은 맑은 소리란 뜻.

| ナ<br>나[na] | 一 | ナ | ナ | ナ | ナ | ナ | ナ |
|---|---|---|---|---|---|---|---|
| | | | | | | | |

| 二<br>니[ni] | 一 | 二 | 二 | 二 | 二 | 二 | 二 |
|---|---|---|---|---|---|---|---|
| | | | | | | | |

| ヌ<br>누[nu] | フ | ヌ | ヌ | ヌ | ヌ | ヌ | ヌ |
|---|---|---|---|---|---|---|---|
| | | | | | | | |

| ネ<br>네[ne] | ` | ラ | ネ | ネ | ネ | ネ | ネ |
|---|---|---|---|---|---|---|---|
| | | | | | | | |

| ノ<br>노[no] | ノ | ノ | ノ | ノ | ノ | ノ | ノ |
|---|---|---|---|---|---|---|---|
| | | | | | | | |

| ハ | ノ | ハ | ハ | ハ | ハ | ハ | ハ |
|---|---|---|---|---|---|---|---|
| 하[ha] | | | | | | | |

| ヒ | ー | ヒ | ヒ | ヒ | ヒ | ヒ | ヒ |
|---|---|---|---|---|---|---|---|
| 히[hi] | | | | | | | |

| フ | フ | フ | フ | フ | フ | フ | フ |
|---|---|---|---|---|---|---|---|
| 후[fu] | | | | | | | |

| ヘ | ヘ | ヘ | ヘ | ヘ | ヘ | ヘ | ヘ |
|---|---|---|---|---|---|---|---|
| 헤[he] | | | | | | | |

| ホ | ー | ナ | オ | ホ | ホ | ホ | ホ |
|---|---|---|---|---|---|---|---|
| 호[ho] | | | | | | | |

17

# |가타카나 청음淸音| '청음'은 맑은 소리란 뜻.

| マ | フ | マ | マ | マ | マ | マ | マ |
|:---:|:---:|:---:|:---:|:---:|:---:|:---:|:---:|
| 마[ma] | | | | | | | |

| ミ | ` | = | ミ | ミ | ミ | ミ | ミ |
|:---:|:---:|:---:|:---:|:---:|:---:|:---:|:---:|
| 미[mi] | | | | | | | |

| ム | ∠ | ム | ム | ム | ム | ム | ム |
|:---:|:---:|:---:|:---:|:---:|:---:|:---:|:---:|
| 무[mu] | | | | | | | |

| メ | ノ | メ | メ | メ | メ | メ | メ |
|:---:|:---:|:---:|:---:|:---:|:---:|:---:|:---:|
| 메[me] | | | | | | | |

| モ | ー | 二 | モ | モ | モ | モ | モ |
|:---:|:---:|:---:|:---:|:---:|:---:|:---:|:---:|
| 모[mo] | | | | | | | |

| ヤ | ー | ヤ | ヤ | ヤ | ヤ | ヤ | ヤ |
|---|---|---|---|---|---|---|---|
| 야[ya] | | | | | | | |

| ユ | フ | ユ | ユ | ユ | ユ | ユ | ユ |
|---|---|---|---|---|---|---|---|
| 유[yu] | | | | | | | |

| ヨ | フ | ヲ | ヨ | ヨ | ヨ | ヨ | ヨ |
|---|---|---|---|---|---|---|---|
| 요[yo] | | | | | | | |

헷갈리는 글자 똑바로 쓰기

| シ | ツ | | コ | ユ |
|---|---|---|---|---|
| 시 | 츠 | | 코 | 유 |
| オ | ネ | | ホ | モ |
| 오 | 네 | | 호 | 모 |

# 가타카나 청음<sup>清音</sup> | '청음'은 맑은 소리란 뜻.

| ラ | ` | ラ | ラ | ラ | ラ | ラ | ラ |
|---|---|---|---|---|---|---|---|
| 라[ra] | | | | | | | |

| リ | l | リ | リ | リ | リ | リ | リ |
|---|---|---|---|---|---|---|---|
| 리[ri] | | | | | | | |

| ル | ノ | ル | ル | ル | ル | ル | ル |
|---|---|---|---|---|---|---|---|
| 루[ru] | | | | | | | |

| レ | レ | レ | レ | レ | レ | レ | レ |
|---|---|---|---|---|---|---|---|
| 레[re] | | | | | | | |

| ロ | l | 冂 | ロ | ロ | ロ | ロ | ロ |
|---|---|---|---|---|---|---|---|
| 로[ro] | | | | | | | |

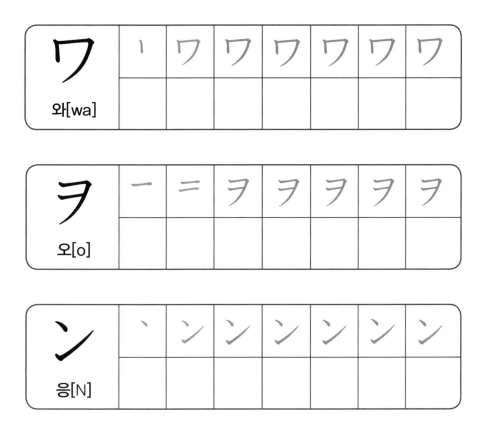

| ワ<br>와[wa] | ヽ | ワ | ワ | ワ | ワ | ワ | ワ |
| --- | --- | --- | --- | --- | --- | --- | --- |
| | | | | | | | |

| ヲ<br>오[o] | ー | ニ | ヲ | ヲ | ヲ | ヲ | ヲ |
| --- | --- | --- | --- | --- | --- | --- | --- |
| | | | | | | | |

| ン<br>응[N] | ヽ | ン | ン | ン | ン | ン | ン |
| --- | --- | --- | --- | --- | --- | --- | --- |
| | | | | | | | |

┌─ 헷갈리는 글자 똑바로 쓰기 ─────────

| ソ | ン | | ラ | ヲ |
| --- | --- | --- | --- | --- |
| 소 | 응 | | 라 | 오 |

| が | つ | カ | か | が | が | が | が |
|---|---|---|---|---|---|---|---|
| 가[ga] | | | | | | | |

| ぎ | ー | ＝ | き | き | ぎ | ぎ | ぎ |
|---|---|---|---|---|---|---|---|
| 기[gi] | | | | | | | |

| ぐ | く | ぐ | ぐ | ぐ | ぐ | ぐ | ぐ |
|---|---|---|---|---|---|---|---|
| 구[gu] | | | | | | | |

| げ | し | し | け | げ | げ | げ | げ |
|---|---|---|---|---|---|---|---|
| 게[ge] | | | | | | | |

| ご | っ | こ | ご | ご | ご | ご | ご |
|---|---|---|---|---|---|---|---|
| 고[go] | | | | | | | |

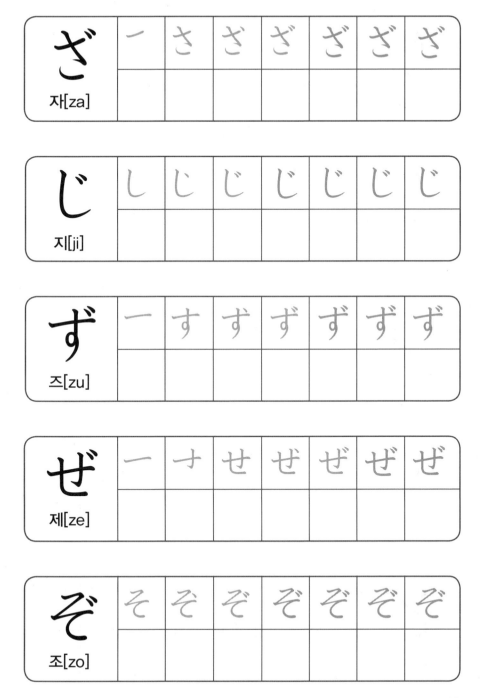

ざ
자[za]

じ
지[ji]

ず
즈[zu]

ぜ
제[ze]

ぞ
조[zo]

23

# 히라가나 탁음<sup>濁音</sup> 「か/さ/た/は」행 글자 오른쪽 상단에 탁점 [ ゛] 표기.

| だ<br>다[da] | ー | ナ | た | た | だ | だ | だ |
|---|---|---|---|---|---|---|---|
| | | | | | | | |

| ぢ<br>지[ji] | ー | ち | ち | ぢ | ぢ | ぢ | ぢ |
|---|---|---|---|---|---|---|---|
| | | | | | | | |

| づ<br>즈[zu] | つ | づ | づ | づ | づ | づ | づ |
|---|---|---|---|---|---|---|---|
| | | | | | | | |

| で<br>데[de] | て | て | で | で | で | で | で |
|---|---|---|---|---|---|---|---|
| | | | | | | | |

| ど<br>도[do] | ヽ | と | ど | ど | ど | ど | ど |
|---|---|---|---|---|---|---|---|
| | | | | | | | |

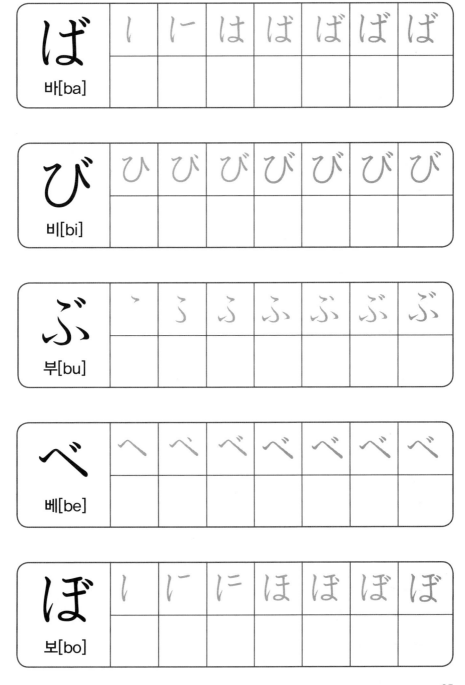

| ば | し | に | は | ば | ば | ば | ば |
| :---: | :---: | :---: | :---: | :---: | :---: | :---: | :---: |
| 바[ba] | | | | | | | |

| び | ひ | び | び | び | び | び | び |
| :---: | :---: | :---: | :---: | :---: | :---: | :---: | :---: |
| 비[bi] | | | | | | | |

| ぶ | ゛ | ふ | ふ | ふ | ぶ | ぶ | ぶ |
| :---: | :---: | :---: | :---: | :---: | :---: | :---: | :---: |
| 부[bu] | | | | | | | |

| べ | へ | べ | べ | べ | べ | べ | べ |
| :---: | :---: | :---: | :---: | :---: | :---: | :---: | :---: |
| 베[be] | | | | | | | |

| ぼ | し | に | に | ほ | ぼ | ぼ | ぼ |
| :---: | :---: | :---: | :---: | :---: | :---: | :---: | :---: |
| 보[bo] | | | | | | | |

# |가타카나 **탁음**濁音| 「カ/サ/タ/ハ」행 글자 오른쪽 상단에 탁점 [ ゛] 표기.

| ガ 가[ga] | フ | カ | ガ | ガ | ガ | ガ | ガ |
|---|---|---|---|---|---|---|---|
| | | | | | | | |

| ギ 기[gi] | ー | 二 | キ | ギ | ギ | ギ | ギ |
|---|---|---|---|---|---|---|---|
| | | | | | | | |

| グ 구[gu] | ノ | ク | グ | グ | グ | グ | グ |
|---|---|---|---|---|---|---|---|
| | | | | | | | |

| ゲ 게[ge] | ノ | ヶ | ケ | ゲ | ゲ | ゲ | ゲ |
|---|---|---|---|---|---|---|---|
| | | | | | | | |

| ゴ 고[go] | フ | コ | ゴ | ゴ | ゴ | ゴ | ゴ |
|---|---|---|---|---|---|---|---|
| | | | | | | | |

| ザ<br>자[za] | 一 | 十 | サ | ザ | ザ | ザ | ザ |
| --- | --- | --- | --- | --- | --- | --- | --- |
| | | | | | | | |

| ジ<br>지[ji] | ` | `` | シ | ジ | ジ | ジ | ジ |
| --- | --- | --- | --- | --- | --- | --- | --- |
| | | | | | | | |

| ズ<br>즈[zu] | フ | ス | ズ | ズ | ズ | ズ | ズ |
| --- | --- | --- | --- | --- | --- | --- | --- |
| | | | | | | | |

| ゼ<br>제[ze] | ⌐ | セ | ゼ | ゼ | ゼ | ゼ | ゼ |
| --- | --- | --- | --- | --- | --- | --- | --- |
| | | | | | | | |

| ゾ<br>조[zo] | ` | ソ | ゾ | ゾ | ゾ | ゾ | ゾ |
| --- | --- | --- | --- | --- | --- | --- | --- |
| | | | | | | | |

27

| ダ | ノ | ク | タ | ダ | ダ | ダ | ダ |
|---|---|---|---|---|---|---|---|
| 다[da] | | | | | | | |

| ヂ | ノ | 二 | チ | チ | ヂ | ヂ | ヂ |
|---|---|---|---|---|---|---|---|
| 지[ji] | | | | | | | |

| ヅ | ヽ | ヽヽ | ツ | ヅ | ヅ | ヅ | ヅ |
|---|---|---|---|---|---|---|---|
| 즈[zu] | | | | | | | |

| デ | 一 | 二 | テ | テ | デ | デ | デ |
|---|---|---|---|---|---|---|---|
| 데[de] | | | | | | | |

| ド | 丨 | ト | ド | ド | ド | ド | ド |
|---|---|---|---|---|---|---|---|
| 도[do] | | | | | | | |

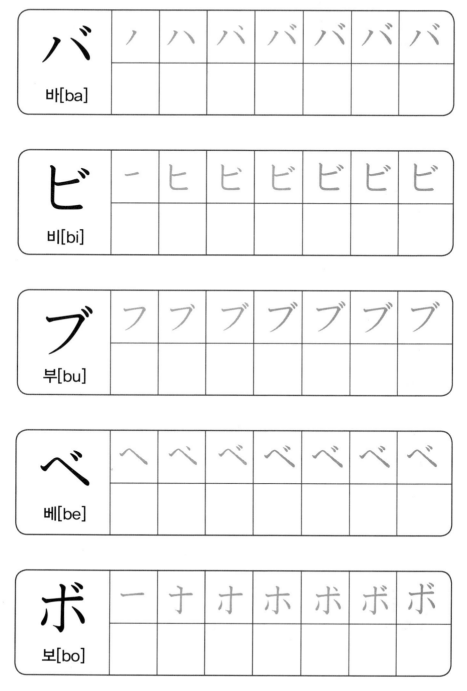

バ 바[ba]

ノ ハ バ バ バ バ バ

ビ 비[bi]

ー ヒ ビ ビ ビ ビ ビ

ブ 부[bu]

フ ブ ブ ブ ブ ブ ブ

ベ 베[be]

ヘ ベ ベ ベ ベ ベ ベ

ボ 보[bo]

ー ナ オ ホ ボ ボ ボ

| ぱ | い | に | は | ぱ | ぱ | ぱ | ぱ |
|---|---|---|---|---|---|---|---|
| 파[pa] | | | | | | | |

| ぴ | ひ | ぴ | ぴ | ぴ | ぴ | ぴ | ぴ |
|---|---|---|---|---|---|---|---|
| 피[pi] | | | | | | | |

| ぷ | ` | ふ | ふ | ふ | ぷ | ぷ | ぷ |
|---|---|---|---|---|---|---|---|
| 푸[pu] | | | | | | | |

| ぺ | へ | ぺ | ぺ | ぺ | ぺ | ぺ | ぺ |
|---|---|---|---|---|---|---|---|
| 페[pe] | | | | | | | |

| ぽ | い | に | に | ぽ | ぽ | ぽ | ぽ |
|---|---|---|---|---|---|---|---|
| 포[po] | | | | | | | |

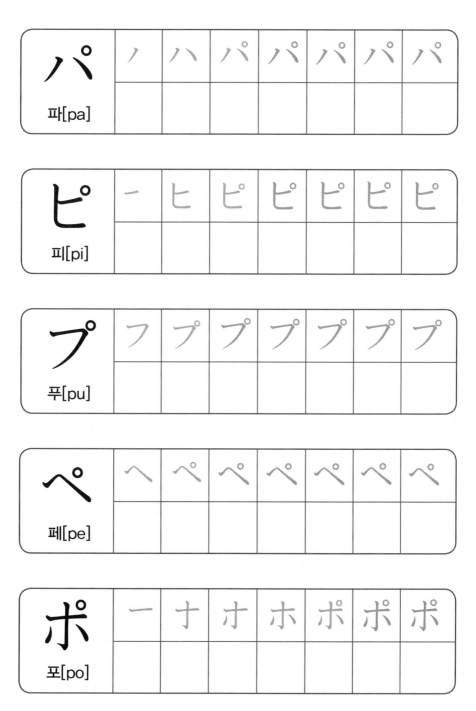

| パ 파[pa] | ノ | ハ | パ | パ | パ | パ | パ |
|---|---|---|---|---|---|---|---|
| | | | | | | | |

| ピ 피[pi] | 一 | ヒ | ピ | ピ | ピ | ピ | ピ |
|---|---|---|---|---|---|---|---|
| | | | | | | | |

| プ 푸[pu] | フ | プ | プ | プ | プ | プ | プ |
|---|---|---|---|---|---|---|---|
| | | | | | | | |

| ペ 페[pe] | ヘ | ペ | ペ | ペ | ペ | ペ | ペ |
|---|---|---|---|---|---|---|---|
| | | | | | | | |

| ポ 포[po] | 一 | ナ | オ | ホ | ポ | ポ | ポ |
|---|---|---|---|---|---|---|---|
| | | | | | | | |

# |히라가나 요음<sup>拗音</sup>| 「い단」의 글자(いきしちにひみりぎじぢびぴ) 옆에 「や, ゆ, よ」를 조그맣게 써서 표기합니다.

| きゃ | きゃ | きゅ | きゅ | きょ | きょ |
|------|------|------|------|------|------|
| 캬[kya] | | 큐[kyu] | | 쿄[kyo] | |
| | | | | | |
| | | | | | |

| ぎゃ | ぎゃ | ぎゅ | ぎゅ | ぎょ | ぎょ |
|------|------|------|------|------|------|
| 갸[gya] | | 규[gyu] | | 교[gyo] | |
| | | | | | |
| | | | | | |

| しゃ | しゃ | しゅ | しゅ | しょ | しょ |
|------|------|------|------|------|------|
| 샤[sha] | | 슈[shu] | | 쇼[sho] | |
| | | | | | |
| | | | | | |

| じゃ | じゃ | じゅ | じゅ | じょ | じょ |
|------|------|------|------|------|------|
| 쟈[ja] | | 쥬[ju] | | 죠[jo] | |
| | | | | | |
| | | | | | |

| ちゃ | ちゃ | ちゅ | ちゅ | ちょ | ちょ |
|------|------|------|------|------|------|
| 챠[cha] | | 츄[chu] | | 쵸[cho] | |
| | | | | | |
| | | | | | |

| にゃ | にゃ | にゅ | にゅ | にょ | にょ |
|------|------|------|------|------|------|
| 냐[nya] | | 뉴[nyu] | | 뇨[nyo] | |
| | | | | | |
| | | | | | |

## 히라가나 요음<sup>拗音</sup>

「い단」의 글자(いきしちにひみりぎじぢびぴ) 옆에 「や, ゆ, よ」를 조그맣게 써서 표기합니다.

| ひゃ | ひゃ | ひゅ | ひゅ | ひょ | ひょ |
|---|---|---|---|---|---|
| 햐[hya] | | 휴[hyu] | | 효[hyo] | |
| | | | | | |
| | | | | | |

| びゃ | びゃ | びゅ | びゅ | びょ | びょ |
|---|---|---|---|---|---|
| 뱌[bya] | | 뷰[byu] | | 뵤[byo] | |
| | | | | | |
| | | | | | |

| ぴゃ | ぴゃ | ぴゅ | ぴゅ | ぴょ | ぴょ |
|---|---|---|---|---|---|
| 퍄[pya] | | 퓨[pyu] | | 표[pyo] | |
| | | | | | |
| | | | | | |

| み ゃ | み ゃ | み ゅ | み ゅ | み ょ | み ょ |
|---|---|---|---|---|---|
| 먀[mya] | | 뮤[myu] | | 묘[myo] | |
| | | | | | |
| | | | | | |

| り ゃ | り ゃ | り ゅ | り ゅ | り ょ | り ょ |
|---|---|---|---|---|---|
| 랴[rya] | | 류[ryu] | | 료[ryo] | |
| | | | | | |
| | | | | | |

# 가타카나 요음<sup>拗音</sup>

# 가타카나 요음[拗音]

「イ단」의 글자(イキシチニヒミリギジヂビピ) 옆에 「ヤ, ユ, ヨ」를 조그맣게 써서 표기합니다.

| キャ<br>꺄[kya] | キャ | キュ<br>큐[kyu] | キュ | キョ<br>쿄[kyo] | キョ |
|---|---|---|---|---|---|
| | | | | | |
| | | | | | |

| ギャ<br>갸[gya] | ギャ | ギュ<br>규[gyu] | ギュ | ギョ<br>교[gyo] | ギョ |
|---|---|---|---|---|---|
| | | | | | |
| | | | | | |

| シャ<br>샤[sha] | シャ | シュ<br>슈[shu] | シュ | ショ<br>쇼[sho] | ショ |
|---|---|---|---|---|---|
| | | | | | |
| | | | | | |

| ジャ | ジャ | ジュ | ジュ | ジョ | ジョ |
|---|---|---|---|---|---|
| 쟈[ja] | | 쥬[ju] | | 죠[jo] | |
| | | | | | |
| | | | | | |

| チャ | チャ | チュ | チュ | チョ | チョ |
|---|---|---|---|---|---|
| 챠[cha] | | 츄[chu] | | 쵸[cho] | |
| | | | | | |
| | | | | | |

| ニャ | ニャ | ニュ | ニュ | ニョ | ニョ |
|---|---|---|---|---|---|
| 냐[nya] | | 뉴[nyu] | | 뇨[nyo] | |
| | | | | | |
| | | | | | |

## 가타카나 요음拗音 | 「イ단」의 글자(イ キ シ チ ニ ヒ ミ リ ギ ジ ヂ ビ ピ) 옆에 「ヤ, ユ, ヨ」를 조그맣게 써서 표기합니다.

| ヒャ | ヒャ | ヒュ | ヒュ | ヒョ | ヒョ |
|---|---|---|---|---|---|
| 햐[hya] | | 휴[hyu] | | 효[hyo] | |
| | | | | | |
| | | | | | |

| ビャ | ビャ | ビュ | ビュ | ビョ | ビョ |
|---|---|---|---|---|---|
| 뱌[bya] | | 뷰[byu] | | 뵤[byo] | |
| | | | | | |
| | | | | | |

| ピャ | ピャ | ピュ | ピュ | ピョ | ピョ |
|---|---|---|---|---|---|
| 퍄[pya] | | 퓨[pyu] | | 표[pyo] | |
| | | | | | |
| | | | | | |

| | | | | | |
|---|---|---|---|---|---|
| ミ ャ<br>먀[mya] | ミ ャ | ミ ュ<br>뮤[myu] | ミ ュ | ミ ョ<br>묘[myo] | ミ ョ |
| | | | | | |
| | | | | | |

| | | | | | |
|---|---|---|---|---|---|
| リ ャ<br>랴[rya] | リ ャ | リ ュ<br>류[ryu] | リ ュ | リ ョ<br>료[ryo] | リ ョ |
| | | | | | |
| | | | | | |

한자쓰기

| 家 | | | | | | | | |
|---|---|---|---|---|---|---|---|---|
| 집 가　　家家家家家宇家家家家 | | | | | | | | |
| 歌 | | | | | | | | |
| 노래 가　　歌歌歌歌歌歌歌歌歌歌歌歌歌歌 | | | | | | | | |
| 強 | | | | | | | | |
| 강할 강　　強強強強強強強強強強 | | | | | | | | |
| 開 | | | | | | | | |
| 열 개　　開開開開開開開開開開開開 | | | | | | | | |
| 去 | | | | | | | | |
| 갈 거　　去去去去去 | | | | | | | | |
| 建 | | | | | | | | |
| 세울 건　　建建建建建建建建建 | | | | | | | | |
| 犬 | | | | | | | | |
| 개 견　　犬大大犬 | | | | | | | | |
| 京 | | | | | | | | |
| 서울 경　　京京京京京京京京 | | | | | | | | |
| 計 | | | | | | | | |
| 셀 계　　計計計計計計計計計 | | | | | | | | |
| 界 | | | | | | | | |
| 지경 계　　界界界界界界界界界 | | | | | | | | |
| 古 | | | | | | | | |
| 옛 고　　古古古古古 | | | | | | | | |

| 考 | | | | | | | | |
|---|---|---|---|---|---|---|---|---|
| 생각할 고　考 考 考 考 考 考 | | | | | | | | |

| 工 | | | | | | | | |
|---|---|---|---|---|---|---|---|---|
| 장인 공　工 工 工 | | | | | | | | |

| 空 | | | | | | | | |
|---|---|---|---|---|---|---|---|---|
| 빌 공　空 空 空 空 空 空 空 空 | | | | | | | | |

| 館 | | | | | | | | |
|---|---|---|---|---|---|---|---|---|
| 집 관　館 館 館 館 館 館 館 館 館 館 館 館 館 館 館 | | | | | | | | |

| 広 | | | | | | | | |
|---|---|---|---|---|---|---|---|---|
| 넓을 광　広 広 広 広 広 | | | | | | | | |

| 教 | | | | | | | | |
|---|---|---|---|---|---|---|---|---|
| 가르칠 교　教 教 教 教 教 教 教 教 教 教 | | | | | | | | |

| 口 | | | | | | | | |
|---|---|---|---|---|---|---|---|---|
| 입 구　口 口 口 | | | | | | | | |

| 究 | | | | | | | | |
|---|---|---|---|---|---|---|---|---|
| 궁구할 구　究 究 究 究 究 究 究 | | | | | | | | |

| 帰 | | | | | | | | |
|---|---|---|---|---|---|---|---|---|
| 돌아올 귀　帰 帰 帰 帰 帰 帰 帰 帰 帰 帰 | | | | | | | | |

| 近 | | | | | | | | |
|---|---|---|---|---|---|---|---|---|
| 가까울 근　近 近 近 近 近 近 近 近 | | | | | | | | |

| 急 | | | | | | | | |
|---|---|---|---|---|---|---|---|---|
| 급할 급　急 急 急 急 急 急 急 急 急 | | | | | | | | |

| 起 | | | | | | | | |
|---|---|---|---|---|---|---|---|---|

일어날 기　起起起起起起起起起

| 多 | | | | | | | | |
|---|---|---|---|---|---|---|---|---|

많을 다　多多多多多多

| 茶 | | | | | | | | |
|---|---|---|---|---|---|---|---|---|

차 다(차)　茶茶茶茶茶茶茶茶茶

| 答 | | | | | | | | |
|---|---|---|---|---|---|---|---|---|

대답할 답　答答答答答答答答答答答答

| 堂 | | | | | | | | |
|---|---|---|---|---|---|---|---|---|

집 당　堂堂堂堂堂堂堂堂堂堂堂

| 代 | | | | | | | | |
|---|---|---|---|---|---|---|---|---|

대신할 대　代代代代代

| 台 | | | | | | | | |
|---|---|---|---|---|---|---|---|---|

돈대 대　台台台台台

| 待 | | | | | | | | |
|---|---|---|---|---|---|---|---|---|

기다릴 대　待待待待待待待待待

| 貸 | | | | | | | | |
|---|---|---|---|---|---|---|---|---|

빌릴 대　貸貸貸貸貸貸貸貸貸貸貸貸

| 圖 | | | | | | | | |
|---|---|---|---|---|---|---|---|---|

그림 도　圖圖圖圖圖圖圖

| 度 | | | | | | | | |
|---|---|---|---|---|---|---|---|---|

법도 도　度度度度度度度度度

| 道 | | | | | | | | |
|---|---|---|---|---|---|---|---|---|
| 길 도 　道道道道道道道道道道道 | | | | | | | | |
| 冬 | | | | | | | | |
| 겨울 동 　冬冬冬冬冬 | | | | | | | | |
| 同 | | | | | | | | |
| 한가지 동 　｜冂冂冃同同 | | | | | | | | |
| 動 | | | | | | | | |
| 움직일 동 　動動動重動動重重重動動 | | | | | | | | |
| 旅 | | | | | | | | |
| 나그네 려 　旅旅方方方扩扩炉旅旅 | | | | | | | | |
| 力 | | | | | | | | |
| 힘 력 　力力 | | | | | | | | |
| 料 | | | | | | | | |
| 헤아릴 료 　料料料料料料料料料料 | | | | | | | | |
| 理 | | | | | | | | |
| 다스릴 리 　理理理理理理理理理理 | | | | | | | | |
| 立 | | | | | | | | |
| 설 립 　立二十立立 | | | | | | | | |
| 売 | | | | | | | | |
| 팔 매 　売売売売売売売 | | | | | | | | |
| 妹 | | | | | | | | |
| 손아래누이 매 　妹妹妹妹妹妹妹妹 | | | | | | | | |

| 買 | | | | | | | | |
|---|---|---|---|---|---|---|---|---|
| 살 매　買買買買買買買買買買買 | | | | | | | | |
| 勉 | | | | | | | | |
| 힘쓸 면　勉勉勉勉勉勉勉勉勉勉 | | | | | | | | |
| 明 | | | | | | | | |
| 밝을 명　明明明明明明明明 | | | | | | | | |
| 目 | | | | | | | | |
| 눈 목　目目目目目 | | | | | | | | |
| 文 | | | | | | | | |
| 글월 문　文文文文 | | | | | | | | |
| 問 | | | | | | | | |
| 물을 문　問問問問問門門門門問問 | | | | | | | | |
| 味 | | | | | | | | |
| 맛 미　味味味味味味味味 | | | | | | | | |
| 飯 | | | | | | | | |
| 밥 반　飯飯飯飯飯飯飯飯飯飯飯 | | | | | | | | |
| 発 | | | | | | | | |
| 필 발　発発発発発発発発発 | | | | | | | | |
| 方 | | | | | | | | |
| 모 방　方方方方 | | | | | | | | |
| 別 | | | | | | | | |
| 다를 별　別別別別別別別 | | | | | | | | |

| 病 | | | | | | | | |
|---|---|---|---|---|---|---|---|---|
| 병 병 | 病病病病病病病病病病 | | | | | | | | |

| 步 | | | | | | | | |
|---|---|---|---|---|---|---|---|---|
| 걸을 보 | 步步步步步步步步 | | | | | | | | |

| 服 | | | | | | | | |
|---|---|---|---|---|---|---|---|---|
| 옷 복 | 服服服服服服服服 | | | | | | | | |

| 不 | | | | | | | | |
|---|---|---|---|---|---|---|---|---|
| 아니 불 | 不不不不 | | | | | | | | |

| 写 | | | | | | | | |
|---|---|---|---|---|---|---|---|---|
| 베낄 사 | 写写写写写 | | | | | | | | |

| 仕 | | | | | | | | |
|---|---|---|---|---|---|---|---|---|
| 벼슬 사 | 仕仕仕仕仕 | | | | | | | | |

| 死 | | | | | | | | |
|---|---|---|---|---|---|---|---|---|
| 죽을 사 | 死死死死死死 | | | | | | | | |

| 社 | | | | | | | | |
|---|---|---|---|---|---|---|---|---|
| 단체 사 | 社社社社社社社社 | | | | | | | | |

| 私 | | | | | | | | |
|---|---|---|---|---|---|---|---|---|
| 사사 사 | 私私私私私私私 | | | | | | | | |

| 事 | | | | | | | | |
|---|---|---|---|---|---|---|---|---|
| 일 사 | 事事事事事事事事 | | | | | | | | |

| 使 | | | | | | | | |
|---|---|---|---|---|---|---|---|---|
| 부릴 사 | 使使使使使使使使 | | | | | | | | |

| 思 | | | | | | | | | |
|---|---|---|---|---|---|---|---|---|---|
| 생각 사　思思思思思思思思思 | | | | | | | | | |
| 色 | | | | | | | | | |
| 빛 색　色色色色色色色 | | | | | | | | | |
| 夕 | | | | | | | | | |
| 저녁 석　ノ勹夕 | | | | | | | | | |
| 世 | | | | | | | | | |
| 세상 세　一十十世世 | | | | | | | | | |
| 少 | | | | | | | | | |
| 적을 소　丿小小少 | | | | | | | | | |
| 送 | | | | | | | | | |
| 보낼 송　送送送送送送送送送 | | | | | | | | | |
| 習 | | | | | | | | | |
| 익힐 습　習習習習習習習習習習習 | | | | | | | | | |
| 始 | | | | | | | | | |
| 비로소 시　始始始始始始始始 | | | | | | | | | |
| 試 | | | | | | | | | |
| 시험할 시　試試試試試試試試試試試試試 | | | | | | | | | |
| 新 | | | | | | | | | |
| 새로울 신　新新新新新新新新新新新新新 | | | | | | | | | |
| 室 | | | | | | | | | |
| 방 실　室室室室室室室室室 | | | | | | | | | |

| 心 | | | | | | | | | |
|---|---|---|---|---|---|---|---|---|---|
| 마음 심　心 心 心 心 | | | | | | | | | |

| 悪 | | | | | | | | | |
|---|---|---|---|---|---|---|---|---|---|
| 나쁠 악　悪 悪 悪 悪 悪 悪 悪 悪 悪 悪 | | | | | | | | | |

| 楽 | | | | | | | | | |
|---|---|---|---|---|---|---|---|---|---|
| 풍류 악　楽 楽 楽 楽 楽 楽 楽 楽 楽 楽 楽 楽 | | | | | | | | | |

| 安 | | | | | | | | | |
|---|---|---|---|---|---|---|---|---|---|
| 편안할 안　安 安 安 安 安 安 | | | | | | | | | |

| 野 | | | | | | | | | |
|---|---|---|---|---|---|---|---|---|---|
| 들 야　野 野 野 野 野 野 野 野 野 野 野 | | | | | | | | | |

| 洋 | | | | | | | | | |
|---|---|---|---|---|---|---|---|---|---|
| 바다 양　洋 洋 洋 洋 洋 洋 洋 洋 洋 | | | | | | | | | |

| 魚 | | | | | | | | | |
|---|---|---|---|---|---|---|---|---|---|
| 물고기 어　魚 魚 魚 魚 魚 魚 魚 魚 魚 魚 魚 | | | | | | | | | |

| 言 | | | | | | | | | |
|---|---|---|---|---|---|---|---|---|---|
| 말씀 언　言 言 言 言 言 言 言 | | | | | | | | | |

| 業 | | | | | | | | | |
|---|---|---|---|---|---|---|---|---|---|
| 업 업　業 業 業 業 業 業 業 業 業 業 | | | | | | | | | |

| 駅 | | | | | | | | | |
|---|---|---|---|---|---|---|---|---|---|
| 역참 역　駅 駅 駅 駅 駅 駅 駅 駅 駅 駅 駅 駅 駅 駅 | | | | | | | | | |

| 研 | | | | | | | | | |
|---|---|---|---|---|---|---|---|---|---|
| 갈 연　研 研 研 研 研 研 研 研 研 | | | | | | | | | |

| 英 | | | | | | | | |
|---|---|---|---|---|---|---|---|---|
| 꽃부리 영 英 英 英 英 英 苗 英 英 | | | | | | | | |
| 映 | | | | | | | | |
| 비칠 영 映 映 映 映 映 映 映 映 映 | | | | | | | | |
| 屋 | | | | | | | | |
| 집옥 屋 屋 屋 屋 屋 屋 屋 屋 屋 | | | | | | | | |
| 曜 | | | | | | | | |
| 빛날 요 曜 曜 曜 曜 曜 曜 曜 曜 曜 曜 曜 曜 曜 曜 曜 曜 曜 曜 | | | | | | | | |
| 用 | | | | | | | | |
| 쓸용 用 月 月 月 用 | | | | | | | | |
| 牛 | | | | | | | | |
| 소우 牛 牛 牛 牛 | | | | | | | | |
| 運 | | | | | | | | |
| 돌운 運 運 運 運 運 運 運 運 運 運 運 運 | | | | | | | | |
| 元 | | | | | | | | |
| 으뜸원 元 元 元 元 | | | | | | | | |
| 院 | | | | | | | | |
| 집원 院 院 院 院 院 院 院 院 院 院 | | | | | | | | |
| 有 | | | | | | | | |
| 있을유 有 有 有 有 有 有 | | | | | | | | |
| 肉 | | | | | | | | |
| 고기육 肉 肉 肉 肉 肉 肉 | | | | | | | | |

| 銀 | | | | | | | | |
|---|---|---|---|---|---|---|---|---|
| 은은 銀銀銀銀銀銀銀銀銀銀銀銀銀銀 | | | | | | | | |
| 飲 | | | | | | | | |
| 마실음 ノ𠆢𠆢𠆢今今今食食食食飲飲飲 | | | | | | | | |
| 医 | | | | | | | | |
| 의원의 医医医医医医医 | | | | | | | | |
| 意 | | | | | | | | |
| 뜻의 意意意意意产产音音音意意意 | | | | | | | | |
| 以 | | | | | | | | |
| 써이 以以以以以 | | | | | | | | |
| 字 | | | | | | | | |
| 글자자 宀宀宁字宁字 | | | | | | | | |
| 自 | | | | | | | | |
| 스스로자 自自自自自自 | | | | | | | | |
| 姉 | | | | | | | | |
| 손위누이자 姉姉姉姉姉姉姉姉 | | | | | | | | |
| 者 | | | | | | | | |
| 놈자 者者者者者者者者 | | | | | | | | |
| 作 | | | | | | | | |
| 지을작 亻亻亻作作作作 | | | | | | | | |
| 場 | | | | | | | | |
| 마당장 場場場場場場場場場場場 | | | | | | | | |

| 赤 | | | | | | | | |
|---|---|---|---|---|---|---|---|---|
| 붉을 적 | 赤 赤 赤 赤 赤 赤 赤 | | | | | | | |
| 田 | | | | | | | | |
| 밭 전 | 田 田 田 田 田 | | | | | | | |
| 転 | | | | | | | | |
| 구를 전 | 転 転 転 転 転 転 転 転 転 転 | | | | | | | |
| 店 | | | | | | | | |
| 가게 점 | 店 店 店 店 店 店 店 店 | | | | | | | |
| 正 | | | | | | | | |
| 바를 정 | 正 正 正 正 正 | | | | | | | |
| 町 | | | | | | | | |
| 밭두둑 정 | 町 町 町 町 町 町 町 | | | | | | | |
| 弟 | | | | | | | | |
| 아우 제 | 弟 弟 弟 弟 弟 弟 弟 | | | | | | | |
| 題 | | | | | | | | |
| 제목 제 | 題 題 題 題 題 題 題 題 題 題 題 題 題 題 題 題 題 | | | | | | | |
| 早 | | | | | | | | |
| 이를 조 | 早 早 早 早 早 早 | | | | | | | |
| 朝 | | | | | | | | |
| 아침 조 | 朝 朝 朝 朝 朝 朝 朝 朝 朝 朝 朝 | | | | | | | |
| 鳥 | | | | | | | | |
| 새 조 | 鳥 鳥 鳥 鳥 鳥 鳥 鳥 鳥 鳥 鳥 鳥 | | | | | | | |

| 足 | | | | | | | | |
|---|---|---|---|---|---|---|---|---|
| 발 족 | 足足足足足足足 | | | | | | | |
| 族 | | | | | | | | |
| 겨레 족 | 族族族族族族族族族族族 | | | | | | | |
| 終 | | | | | | | | |
| 마칠 종 | 終終終終終終終終終終終 | | | | | | | |
| 主 | | | | | | | | |
| 주인 주 | 主主主主主 | | | | | | | |
| 注 | | | | | | | | |
| 물댈 주 | 注注注注注注注注 | | | | | | | |
| 走 | | | | | | | | |
| 달릴 주 | 走走走走走走走 | | | | | | | |
| 住 | | | | | | | | |
| 살 주 | 住住住住住住住 | | | | | | | |
| 週 | | | | | | | | |
| 돌 주 | 週週週週週週週週週週週 | | | | | | | |
| 晝 | | | | | | | | |
| 낮 주 | 晝晝晝晝晝晝晝晝晝 | | | | | | | |
| 重 | | | | | | | | |
| 무거울 중 | 重重重重重重重重重 | | | | | | | |
| 止 | | | | | | | | |
| 그칠 지 | 止止止止 | | | | | | | |

| 地 | | | | | | | | |
|---|---|---|---|---|---|---|---|---|
| 땅지 地地地地地地 | | | | | | | | |
| 知 | | | | | | | | |
| 알지 知知知知知知知知 | | | | | | | | |
| 持 | | | | | | | | |
| 가질지 持持持持持持持持持 | | | | | | | | |
| 紙 | | | | | | | | |
| 종이지 紙紙紙紙紙紙紙紙紙紙 | | | | | | | | |
| 真 | | | | | | | | |
| 참진 真真真真真真真真真 | | | | | | | | |
| 質 | | | | | | | | |
| 바탕질 質質質質質質質質質質質質 | | | | | | | | |
| 集 | | | | | | | | |
| 모일집 集集集集集集集集集集集集 | | | | | | | | |
| 借 | | | | | | | | |
| 빌릴차 借借借借借借借借借借 | | | | | | | | |
| 着 | | | | | | | | |
| 붙을착 着着着着着着着着着着着 | | | | | | | | |
| 青 | | | | | | | | |
| 푸를청 青青青青青青青青 | | | | | | | | |
| 体 | | | | | | | | |
| 몸체 体体体体体体体 | | | | | | | | |

| 秋 | | | | | | | | | |
|---|---|---|---|---|---|---|---|---|---|
| 가을 추　秋秋千禾禾禾秋秋秋 | | | | | | | | | |
| 春 | | | | | | | | | |
| 봄 춘　三三三声夫未春春春 | | | | | | | | | |
| 親 | | | | | | | | | |
| 친할 친　親親親親親親親親親親親親親親親親 | | | | | | | | | |
| 通 | | | | | | | | | |
| 통할 통　通通通通通通通通通通 | | | | | | | | | |
| 特 | | | | | | | | | |
| 유다를 특　牛牛牛牛特特特特特特 | | | | | | | | | |
| 品 | | | | | | | | | |
| 물건 품　品品品品品品品品品 | | | | | | | | | |
| 風 | | | | | | | | | |
| 바람 풍　丿几凡凡凤凤風風風 | | | | | | | | | |
| 夏 | | | | | | | | | |
| 여름 하　丁了万万百百夏夏夏 | | | | | | | | | |
| 漢 | | | | | | | | | |
| 한나라 한　漢漢漢漢漢漢漢漢漢漢漢漢漢 | | | | | | | | | |
| 海 | | | | | | | | | |
| 바다 해　海海海海海海海海海 | | | | | | | | | |
| 驗 | | | | | | | | | |
| 시험할 험　驗驗驗驗驗驗驗驗驗驗驗驗驗驗驗 | | | | | | | | | |

| 兄 | | | | | | | |
|---|---|---|---|---|---|---|---|
| 형형 兄兄兄兄兄 | | | | | | | |
| 花 | | | | | | | |
| 꽃화 花花花花花花花 | | | | | | | |
| 画 | | | | | | | |
| 그림화 画画面面面面画画 | | | | | | | |
| 会 | | | | | | | |
| 모을회 会会会会会会 | | | | | | | |
| 黒 | | | | | | | |
| 검을흑 黒黒黒黒黒黒黒黒黒黒黒 | | | | | | | |
| | | | | | | | |
| | | | | | | | |
| | | | | | | | |
| | | | | | | | |
| | | | | | | | |
| | | | | | | | |
| | | | | | | | |